내꽁
고등영어독해

실력

DARAKWON

내공 고등영어독해 실력

지은이 Michael A. Putlack, 안세정, 김미경
펴낸이 정규도
펴낸곳 (주)다락원

초판 1쇄 발행 2018년 11월 9일
초판 5쇄 발행 2024년 11월 20일

편집 정지인, 서민정, 이동호
디자인 윤지영, 엘림
영문 감수 Michael A. Putlack

다락원 경기도 파주시 문발로 211
내용문의 (02)736-2031 내선 533
구입문의 (02)736-2031 내선 250~252
Fax (02)732-2037
출판등록 1977년 9월 16일 제 406-2008-000007호

ISBN   978-89-277-0835-3 54740
       978-89-277-0832-2 54740 (set)

---

http://www.darakwon.co.kr
다락원 홈페이지를 방문하시면 상세한 출판 정보와 함께 동영상 강좌,
MP3 자료 등 다양한 어학 정보를 얻으실 수 있습니다.

Photo Credits
pp. 16, 34, 62, 76, 84, 88, 98
(Sergey Goryachev, catwalker / Shutterstock.com)

내공
고등영어독해

실력

DARAKWON

영어 독해가 쉬워지고 영어 1등급 자신감을 키워주는 내공 고등영어독해!

All New Reading
새 교과서 소재와 최신 트렌드에 맞는 흥미로운 지문을 통해 기본 독해 실력을 키울 수 있습니다.

2+2+1 Questions
객관식 2문항, 서술형 2문항, 수능형 1문항으로 구성된 문제를 풀어 보며 내신과 수능을 균형 있게 학습할 수 있습니다.

Smart Learning
QR 코드를 스캔하여 빠르고 손쉽게 지문의 MP3 파일을 들을 수 있습니다.

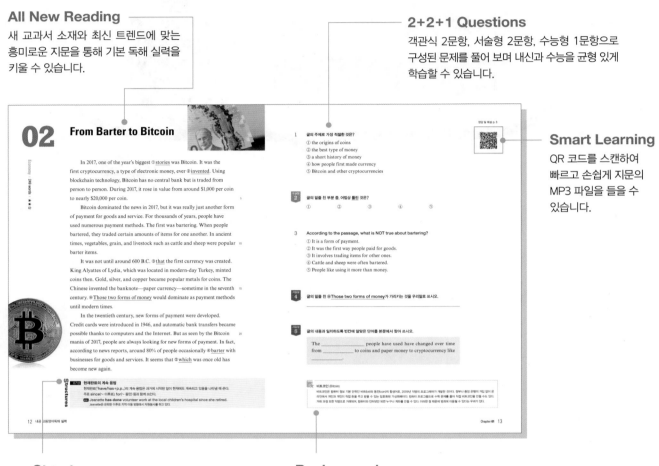

Structures
새 교과서의 문법을 포함한 고교 필수 문법을 선별하여 핵심 내용을 쉽게 설명했습니다.

Background Knowledge
본문과 관련된 다양한 배경 지식이 제공되어 더 깊이 있게 글의 내용을 이해할 수 있습니다.

Key Expressions
단원별 주요 어휘와 숙어를 한눈에 미리 볼 수 있으며, QR 코드를 스캔하면 원어민 발음을 들으면서 표현을 학습할 수 있습니다.

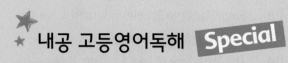

Reading Comprehension

각 단원에서 배운 주요 문법과 구문, 숙어를 직독직해
유형의 문제를 통해 확인하고 정리해 봅니다.

내공 고등영어독해 Special

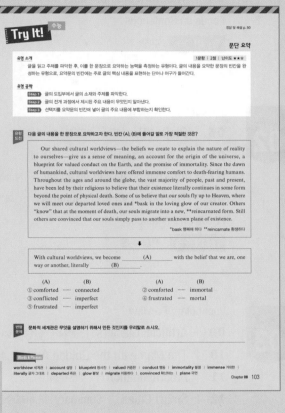

한번 해보자, 수능!

수능 소재의 지문을 활용하여 수능 유형
공략법을 익히고, 유형별 대표 문제를
통해 수능 문제 풀이 훈련을 합니다.
동일 지문으로 서술형으로 변형된 문항을
풀어 봅니다.

Workbook

단원별 주요 단어와 숙어, 핵심 구문과 문법을
다양한 형태의 문제를 통해 복습합니다.

내신 대비 Review Test
(온라인 부가 자료)

단원별 어휘, 문법, 지문을 활용해
실제 내신기출 유형으로만 이루어진
다양한 문제를 풀어보며 내신 문제
풀이 훈련을 합니다.

Contents /목차

Chapter 01

Vocabulary Preview 009

01 | Brownstones | might+have+p.p. 010

02 | From Barter to Bitcoin | 현재완료의 계속 용법 012

03 | The Hyperloop | 조건 부사절의 시제 014

04 | The Dark Side of Fast Fashion | Summary | 동격 016

Focus on Sentences 018

Try It! 수능 주장 019

Chapter 02

Vocabulary Preview 021

05 | Project Daniel | 의문사+to부정사 022

06 | Bubble Wrap | 현재완료 진행형 024

07 | International Women's Day | 계속적 용법의 관계부사 026

08 | The Green Vault | Summary | 과거완료 028

Focus on Sentences 030

Try It! 수능 지칭 추론 031

Chapter 03

Vocabulary Preview 033

09 | Artificial Glaciers | 동사+목적어+to-v 034

10 | The Man with the Golden Arm | 4형식의 수동태 036

11 | Procrastination | 부분부정 038

12 | Smart Cities | Summary | 미래 수동태 040

Focus on Sentences 042

Try It! 수능 어법 043

Chapter 04

Vocabulary Preview 045

13 | The Origins of Coats of Arms | 부정대명사 each 046

14 | Texas Safaris | as if+현재형 vs. as if+과거형 048

15 | Theo van Gogh | without 가정법 050

16 | Untact Marketing | Summary | 구동사에서 목적어의 위치 052

Focus on Sentences 054

Try It! 수능 내용 불일치 055

Chapter 05

Vocabulary Preview 057

17 | Brazilian Wish Ribbons | that절이 있는 문장의 수동태 058

18 | Truffles | It is ~ that... 강조구문 060

19 | Sherpas | 동사+목적어+목적격보어(명사) 062

20 | Coding | Summary | the+비교급, the+비교급 064

Focus on Sentences 066

Try It! 수능 빈칸 추론 067

Chapter 06

Vocabulary Preview 069

21 | The @ Symbol | every+단수명사 070

22 | Allergies | a number of vs. the number of 072

23 | The Ice Bucket Challenge | 동명사의 의미상의 주어 074

24 | Limited Editions | Summary | of+추상명사 076

Focus on Sentences 078

Try It! 수능 문장 삽입 079

Chapter 07

Vocabulary Preview 081

25 | Solar Ovens | 목적을 나타내는 접속사 so that 082

26 | John Williams | do so 084

27 | Pineapple and Bromelain | 동명사의 관용적 표현 086

28 | How the Colors of Medieval Manuscripts Were Made | Summary | 상관접속사 088

Focus on Sentences 090

Try It! 수능 글의 순서 091

Chapter 08

Vocabulary Preview 093

29 | The Martian Bacteria Meteor | 부정어 도치구문 094

30 | Bayanihan | the+나라 이름 096

31 | Julia Child | 최상급 강조 어구 098

32 | Fake News | Summary | during vs. for vs. while 100

Focus on Sentences 102

Try It! 수능 문단 요약 103

● **별책** 정답 및 해설

● **부록** Workbook

Chapter 01

01 Brownstones
갈색 사암으로 지어진 미국 북동부의 집들

02 From Barter to Bitcoin
화폐의 변천사

03 The Hyperloop
서울에서 부산까지 16분! 음속열차 시대가 열린다.

04 The Dark Side of Fast Fashion
패스트 패션의 문제점

Structures

- It **might have shown** houses in a place like New York City, Philadelphia, or Boston. YBM(한), 비상
- For thousands of years, people **have used** numerous payment methods.
- **If** that **happens**, the way people travel will change tremendously. YBM(한)
- **The act of making the transition** from the runway to the factory to the store in a few weeks is known as fast fashion. 다락원

Vocabulary Preview

01 | Brownstones

☐ brownstone	n. 적갈색 사암으로 지은 집	☐ marble	n. 대리석
☐ story	n. (건물의) 층	☐ quarry	n. 채석장
☐ porch	n. 현관	☐ repair	v. 보수하다, 수리하다
☐ sandstone	n. 사암	☐ relative	a. 상대적인
☐ carve	v. 깎아서 만들다	☐ porous	a. 구멍이 많은
☐ housebuilder	n. 주택 건축업자	☐ erode	v. 부식하다

02 | From Barter to Bitcoin

☐ barter	v. 물물 교환하다	☐ trade A for B	A를 B와 교환하다
☐ cryptocurrency	n. 암호 화폐	☐ mint	v. (화폐를) 주조하다
☐ rise	v. 오르다, 증가하다	☐ banknote	n. 지폐
☐ value	n. 가치	☐ currency	n. 통화
☐ payment	n. 지불	☐ dominate	v. 지배하다
☐ numerous	a. 많은	☐ automatic bank transfer	은행 자동 이체

03 | The Hyperloop

☐ self-driving vehicle	자율주행차	☐ remove	v. 없애다, 제거하다
☐ transport	v. 수송하다	☐ virtually	adv. 사실상
☐ rapidly	adv. 빨리, 신속히	☐ friction	n. 마찰
☐ close to -ing	~에 접근해 있는	☐ though	adv. 그렇지만, 하지만
☐ electric	a. 전기의	☐ connect	v. 연결하다
☐ sealed	a. 밀폐된	☐ tremendously	adv. 엄청나게

04 | The Dark Side of Fast Fashion

☐ show off	자랑하다, 과시하다	☐ profitable	a. 수익성이 있는
☐ model	v. (모델로서 옷 등을) 입어 보이다	☐ drawback	n. 결점, 문제점
☐ extremely	adv. 극도로, 극히	☐ lacking	a. (~이) 없는, 부족한
☐ eager	a. 간절히 바라는, 열렬한	☐ disregard	v. 무시하다, 묵살하다
☐ purchase	v. 구입하다	☐ overuse	n. 남용
☐ make a transition	변천하다, 이행하다	☐ harmful	a. 해로운, 유해한

01

Brownstones

Have you ever seen a TV program or movie set in the northeastern part of the United States? It might have shown houses in a place like New York City, Philadelphia, or Boston. You probably noticed that many of the houses looked similar to one another. They were three or four stories tall, had a front porch, and were made of a dark stone.   5

These houses are made of brownstone and are called, appropriately enough, brownstones. The stone is a type of dark sandstone that comes from states such as New Jersey, Connecticut, and Maine. A soft stone, it is easy to carve, so housebuilders often created beautiful decorations with it.

In the 1800s, builders 집을 짓기 위해 브라운 스톤을 사용하기 시작했다. It was much   10
cheaper than *granite, marble, and *limestone. While they were once cheap, brownstones today are quite expensive, with many of them selling for millions of dollars. One reason is that there is not much brownstone left in the ground. The quarries that produced it are mostly empty, so no more new brownstones can be built.   15

This also creates problems for the owners of brownstones. Repairing their homes is difficult because of the relative lack of brownstone. Home repairs are often needed due to brownstone's porous nature. The cold weather and air pollution cause it to erode over time. So be sure to appreciate brownstones when you see them. Eventually, they will slowly disappear.   20

*granite 화강암 *limestone 석회암

Structures

02행 might+have+p.p.

「might+have+p.p.」는 '~이었을지도 모른다'라는 뜻으로 과거의 불확실한 추측을 나타낸다. 과거의 일에 대한 강한 추측은 '~이었음이 틀림없다'라는 뜻의 「must+have+p.p.」를 쓴다.

ex George looks tired. He **might have been** awake all night.
George는 피곤해 보인다. 그는 밤새 깨어 있었을지도 모른다.

Elsa **must have forgotten** all about our appointment.
Elsa는 우리 약속에 대해 완전히 잊었음이 틀림없다.

1 Brownstone에 관한 글의 내용과 일치하는 것은?

① It is cheap today.

② It looks like granite.

③ It is easy to carve.

④ It is found deep underground.

⑤ It is a popular building material.

2 Which CANNOT be answered based on the passage?

① What are some cities where brownstones were built?

② What do many brownstones look like?

③ Where does brownstone come from?

④ Where are brownstone quarries located today?

⑤ Why is it difficult to repair brownstones?

3 글의 내용과 일치하면 T, 그렇지 않으면 F를 쓰시오.

(1) Many brownstones are three or four stories tall. _____

(2) New brownstones are still being built in some parts of _____
the United States.

4 글의 내용과 일치하도록 다음 질문에 답하시오.

Q Why does brownstone erode over time?

A It erodes because of _____ and _____ .

5 밑줄 친 우리말과 같은 뜻이 되도록 주어진 단어를 바르게 배열하시오.

(houses, to, using, with, started, brownstone, build)

➡ _____

02 From Barter to Bitcoin

Economy | 249 words | ★★☆

In 2017, one of the year's biggest ①stories was Bitcoin. It was the first cryptocurrency, a type of electronic money, ever ②invented. Using blockchain technology, Bitcoin has no central bank but is traded from person to person. During 2017, it rose in value from around $1,000 per coin to nearly $20,000 per coin. 5

Bitcoin dominated the news in 2017, but it was really just another form of payment for goods and service. For thousands of years, people have used numerous payment methods. The first was bartering. When people bartered, they traded certain amounts of items for one another. In ancient times, vegetables, grain, and livestock such as cattle and sheep were popular 10 barter items.

It was not until around 600 B.C. ③that the first currency was created. King Alyattes of Lydia, which was located in modern-day Turkey, minted coins then. Gold, silver, and copper became popular metals for coins. The Chinese invented the banknote—paper currency—sometime in the seventh 15 century. ⓐThose two forms of money would dominate as payment methods until modern times.

In the twentieth century, new forms of payment were developed. Credit cards were introduced in 1946, and automatic bank transfers became possible thanks to computers and the Internet. But as seen by the Bitcoin 20 mania of 2017, people are always looking for new forms of payment. In fact, according to news reports, around 80% of people occasionally ④barter with businesses for goods and services. It seems that ⑤which was once old has become new again.

Structures

07행 **현재완료의 계속 용법**
현재완료(「have/has+p.p.」)의 계속 용법은 과거에 시작된 일이 현재에도 계속되고 있음을 나타낼 때 쓴다. 주로 since(~ 이후로), for(~ 동안) 등과 함께 쓰인다.
ex Jeanette **has done** volunteer work at the local children's hospital since she retired.
Jeanette은 은퇴한 이후로 지역 아동 병원에서 자원봉사를 하고 있다.

1 글의 주제로 가장 적절한 것은?

① the origins of coins
② the best type of money
③ a short history of money
④ how people first made currency
⑤ Bitcoin and other cryptocurrencies

수능형
2 글의 밑줄 친 부분 중, 어법상 **틀린** 것은?

①   ②   ③   ④   ⑤

3 According to the passage, what is NOT true about bartering?

① It is a form of payment.
② It was the first way people paid for goods.
③ It involves trading items for other ones.
④ Cattle and sheep were often bartered.
⑤ People like using it more than money.

서술형
4 글의 밑줄 친 ⓐThose two forms of money가 가리키는 것을 우리말로 쓰시오.

_____

서술형
5 글의 내용과 일치하도록 빈칸에 알맞은 단어를 본문에서 찾아 쓰시오.

The _____ people have used have changed over time
from _____ to coins and paper money to cryptocurrency like
_____.

비트코인 (Bitcoin)

비트코인은 컴퓨터 정보 기본 단위인 비트(bit)와 동전(coin)의 합성어로, 2009년 익명의 프로그래머가 개발한 것이다. 정부나 중앙 은행의 개입 없이 온라인에서 개인과 개인이 직접 돈을 주고 받을 수 있는 암호화된 가상화폐이다. 컴퓨터 프로그램으로 수학 문제를 풀어 직접 비트코인을 만들 수도 있다. 거래 과정 또한 익명으로 거래되며, 컴퓨터와 인터넷만 되면 누구나 계좌를 만들 수 있다. 이러한 점 때문에 범죄에 이용될 수 있다는 우려가 있다.

03 The Hyperloop

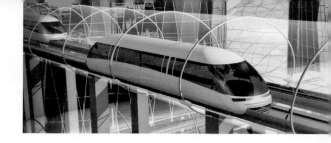

Imagine what traveling will be like in the future. Millions of self-driving vehicles will be on the roads. Flying motorcycles and cars will speed through cities. Hypersonic planes will fly from New York City to Paris in fewer than ninety minutes. Hyperloops will also transport people rapidly.

As of now, the hyperloop is one future vehicle technology close to becoming reality. (①) It is the idea of Elon Musk, the founder of SpaceX and Tesla, Inc., a manufacturer of electric vehicles. (②) The hyperloop will use sealed tubes which have nearly all the air removed from them. (③) Then, special pods will carry people and cargo inside the tubes. (④) Because the tubes have almost no air, there will be virtually no friction. (⑤)

It sounds impossible, but a small hyperloop tube has already been built in California. Only one mile long, it is being used for testing purposes. Cities around the world are interested in the hyperloop though. The city of Chicago has signed an agreement to build a hyperloop from downtown

to O'Hare International Airport. Plans are being made to build a hyperloop from Chicago to Cleveland. That will make the 313-mile trip take only twenty-eight minutes. There are also plans to build underground hyperloop tunnels connecting thirty-five cities in the United States.

The technology is not perfect, but the hope is that the first hyperloop will carry passengers by 2021. If that happens, the way people travel will change tremendously.

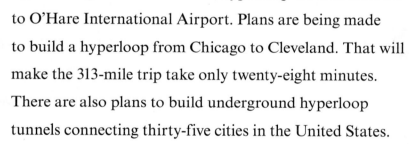

Structures

21행 조건 부사절의 시제

시간이나 조건의 부사절에서는 미래의 일을 현재 시제로 표현한다.

ex Jennifer will speak with her parents **before** she **makes** a decision.
Jennifer는 결정을 내리기 전에 부모님과 이야기를 할 것이다.

If the weather **is** good tomorrow, we'll have a barbecue in the garden.
내일 날씨가 좋으면 우리는 정원에서 바비큐 파티를 열 것이다.

1 **What is the best title for the passage?**

① Elon Musk and His Work

② A New Way to Travel Fast

③ The Hyperloop in Chicago

④ How to Design a Hyperloop

⑤ The Hyperloop: Faster than a Rocket

수능형
2 **글의 흐름으로 보아, 주어진 문장이 들어가기에 가장 적절한 곳은?**

This will allow the pods to travel around 700 miles per hour.

①   ②   ③   ④   ⑤

3 **Hyperloop에 관한 글의 내용과 일치하지 않는 것은?**

① Elon Musk came up with the idea for it.

② There is almost no air in the tubes it uses.

③ It uses special pods to carry passengers.

④ The lack of friction lets it move fast.

⑤ It connects thirty-five cities in the United States.

서술형
4 **Find the word in the passage which has the given meaning.**

n. the force that causes a moving object to slow down when it touches another object

_____

서술형
5 **글의 내용과 일치하도록 빈칸에 알맞은 단어를 본문에서 찾아 쓰시오.**

The hyperloop will _____ people and cargo through _____ tubes that can let pods _____ at very fast speeds.

04 The Dark Side of Fast Fashion

Cities such as Paris, Milan, and London have fashion shows all the time. Models walk up and down runways showing off the latest clothing. Sometimes the clothes they are modeling become extremely popular, so clothes makers hurry to manufacture as many of them as they can. They want to get those clothes to the market so that eager customers can purchase them.

The act of making the transition from the runway to the factory to the store in a few weeks is known as fast fashion. While it can be extremely profitable for people in the textile industry, there are several drawbacks. The main problem concerns the quality of the clothes. Nowadays, stores expect a turnaround time of around three weeks from when the clothes first appear on the runway. _____(A)_____, large numbers of clothes must be made quickly. The quality is often lacking, so they are not well made.

Many of these clothes are made in factories in Southeast Asia. _____(B)_____, the working conditions in them are poor, and the workers are paid low wages. In addition, the factories often disregard the environment when making clothes in a hurry. This results in the overuse of harmful chemicals, which can cause water and land pollution. Yet another drawback is that clothes remain fashionable for a short period of time nowadays. As a result, <u>people may only wear the clothes they buy a couple of times before throwing away them, which is a waste of materials and labor.</u>

Structures

07행 동격

전치사 of, 명사절을 이끄는 접속사 that 등을 통해 동격을 나타낼 수 있다. '~이라고 하는, ~인'으로 해석한다.

ex He had **a habit of biting his nails** when he was nervous.
그는 긴장할 때 손톱을 물어뜯는 버릇이 있었다.

Despite **the fact that it was raining**, we continued our training session.
비가 오고 있다는 사실에도 불구하고 우리는 훈련을 계속했다.

1 **What is the passage mainly about?**

① why people like fast fashion

② when fast fashion first started

③ how fast fashion can be harmful

④ which companies use fast fashion

⑤ what countries are involved in fast fashion

수능형
2 **Which are the best choices for the blanks?**

	(A)		(B)
①	In addition	·····	Unfortunately
②	In addition	·····	Interestingly
③	For instance	·····	Nevertheless
④	As a result	·····	Unfortunately
⑤	As a result	·····	Interestingly

서술형
3 **How does fast fashion harm the environment?**

→ Factories overuse _____, which can cause _____
_____.

서술형
4 **Read the underlined sentence and correct the error.**

_____ → _____

Summary
Fill in the blanks by using the words and phrases below.

pollution	lacking	wastes	drawbacks

When clothes become popular, clothes makers hurry to manufacture them. This is known as fast fashion. It has several _____. The quality of the clothes is often _____. The working conditions in the factories they are made in are poor. Harmful chemicals are overused, which can cause _____. Finally, people only wear the clothes a few times, which _____ materials and labor.

A 다음 문장을 밑줄 친 부분에 유의하여 우리말로 해석하시오.

1 It <u>might have shown</u> houses in a place like New York City, Philadelphia, or Boston.

_____

2 For thousands of years, people <u>have used</u> numerous payment methods.

_____

3 <u>If that happens</u>, the way people travel will change tremendously.

_____

4 <u>The act of making the transition</u> from the runway to the factory to the store in a few weeks is known as fast fashion.

_____

B 우리말과 같은 뜻이 되도록 주어진 말을 바르게 배열하시오.

1 브라운 스톤 주택은 오늘날에는 많은 집들이 수백만 달러에 팔릴 정도로 꽤 비싸다.

Brownstones today are quite expensive _____.

(for, dollars, of, selling, many, them, millions, of, with)

2 최초의 화폐가 만들어진 것은 비로소 기원전 600년경이 되어서였다.

_____ the first currency was created.

(600 B.C., not, it, that, around, was, until)

3 하이퍼루프는 공기를 거의 전부 뺀 밀폐된 튜브(터널)를 사용할 것이다.

The hyperloop will use sealed tubes _____.

(air, nearly, them, have, the, removed, all, which, from)

C 우리말과 같은 뜻이 되도록 빈칸에 알맞은 말을 쓰시오.

1 이러한 집들은 브라운 스톤으로 만들어져서 브라운 스톤 주택이라고 불린다.

These houses _____ _____ _____ brownstone and are called brownstones.

2 현재 하이퍼루프는 현실에 가까워지고 있는 미래의 교통 기술 중 하나이다.

As of now, the hyperloop is one future vehicle technology _____ _____ _____ reality.

3 모델들은 최신 옷들을 뽐내며 무대를 오르내린다.

Models walk up and down runways _____ _____ the latest clothing.

유형 소개

`1문항 | 2점 | 난이도 ★★☆`

글의 중심 생각을 이해하는 능력을 측정하는 유형이다. 주장은 필자가 글을 통해 말하고자 하는 핵심적인 의견이다. 글을 끝까지 읽고 필자의 핵심 의견을 파악해야 한다.

유형 공략

Step 1 글의 앞부분에서 글의 소재를 파악한다.

Step 2 글의 논리를 따라가면서 필자가 전달하는 내용을 파악한다.

Step 3 필자의 주장을 가장 잘 나타낸 선택지를 고른다.

 다음 글에서 필자가 주장하는 바로 가장 적절한 것은?

> If you say you can't, you won't, and if you say you can, you will. Anything is possible once you change your vocabulary. You can make your dreams come true by the words you speak. You can kill your dreams by the words you speak! Your words control your thoughts. Therefore, every time you say you can't achieve something, you will begin to believe that you can't achieve it. "So, Randall, you are saying that if I change my words, I will achieve my dreams?" The short answer to that is yes! Of course, you cannot achieve your dreams without hard work and an action plan, but it all starts with the words you use. Change your words, and your thinking will change. When your thinking changes, it influences your actions, resulting in outcomes you desire. Think about it. When you speak positively, you think positively. And when you think positively, you do positively! As you can see, it all starts with the words you use. Choose them wisely.

① 말만하지 말고 행동에 옮겨라.　　② 다른 사람의 말에 귀를 기울여라.

③ 자신의 의견을 분명하게 표현해라.　　④ 단어의 뜻을 분명히 알고 사용해라.

⑤ 말할 때 긍정적인 단어를 사용해라.

 꿈을 성취하는 데 필요한 세 가지를 찾아 쓰시오.

_____

vocabulary 어휘　|　**come true** 실현되다　|　**influence** 영향을 미치다　|　**outcome** 결과　|　**positively** 긍정적으로

Chapter 02

05 Project Daniel

인간을 널리 이롭게 하는 3D 프로젝트

06 Bubble Wrap

뽁뽁이의 탄생이 궁금하다면?!

07 International Women's Day

세계 여성의 날을 소개합니다.

08 The Green Vault

유럽 최초의 공공 박물관

Structures

- The people of South Sudan are learning **how to make** replacement arms and legs. YBM(한)
- Bubble Wrap **has been keeping** objects from breaking since 1960. 금성
- The holiday began to change in 1975, **when** the United Nations began celebrating it.
- While bombers destroyed part of the Green Vault, the collection was safe because it **had been** moved to another location. 비상, 동아

Vocabulary Preview

05 | Project Daniel

☐ drop a bomb	폭탄을 투하하다	☐ nonprofit	a. 비영리적인
☐ flee	v. 달아나다, 도망하다	☐ assemble	v. 모이다, 모으다
☐ shelter	n. 피신처, 대피처	☐ prosthetic	a. 인공 기관의, 보철의
☐ wrap	v. (무엇의 둘레를) 두르다	☐ amputee	n. 팔[다리] 절단 수술을 받은 사람
☐ amputate	v. (수술로) 절단하다	☐ facility	n. 시설[기관]
☐ worth -ing	~할 가치가 있는	☐ limb	n. 팔[다리]

06 | Bubble Wrap

☐ wrap	n. 포장지; v. 싸다, 포장하다	☐ establish	v. 설립하다
☐ package	n. 소포	☐ manage to-v	간신히 ~하다
☐ object	n. 물건	☐ land	v. 얻다, 획득하다
☐ date back to	~로 거슬러 올라가다	☐ transparent	a. (플라스틱 등이) 투명한
☐ three-dimensional	a. 삼차원의, 입체적인	☐ feature	n. 특색, 특징
☐ wallpaper	n. 벽지	☐ popping	n. 펑 소리가 나기
☐ seal ~ shut	~을 완전히 밀봉하다		

07 | International Women's Day

☐ have a celebration	축하 행사를 열다	☐ protest	n. 시위
☐ organize	v. 준비[조직]하다	☐ strike	n. 파업
☐ exclusively	adv. 독점적으로	☐ end	v. 끝나다, 끝내다
☐ violate	v. 위반하다, 어기다	☐ violence	n. 폭행, 폭력
☐ rights	n. 공민권 (civil rights)	☐ gender equality	양성평등
☐ vote	v. 투표하다	☐ rally	n. 집회

08 | The Green Vault

☐ vault	n. 금고[귀중품 보관실]	☐ house	v. 소장하다
☐ take place	발생하다	☐ amber	n. 호박
☐ launch an attack	공격을 개시하다	☐ ivory	n. 상아
☐ valuable	a. 소중한, 귀중한; n. (pl.) 귀중품	☐ not A until B	B에서야 비로소 A하다
☐ possession	n. 소유물, 소지품	☐ rival	v. ~에 필적하다
☐ lead to	~을 야기하다	☐ with regard to	~에 관해서는

Project Daniel

In South Sudan, Africa, war is a daily fact of life for people. When airplanes come and drop bombs, villagers flee and try to find shelter. One day, a fourteen-year-old boy named Daniel Omar was watching his family's goats. When bombs started falling, he ran behind a tree and wrapped his arms around it. The bombs missed his body but damaged his arms. Both of ⁵ them were amputated.

ⓐHave no arms, Daniel considered his life not worth living. (①) Then, Mick Ebeling, the founder of the nonprofit Not Impossible Foundation, read about Daniel's story. (②) He assembled a team of experts and traveled to Yida, Sudan. (③) Using 3D printers, Mick and his team created ¹⁰ prosthetic arms for Daniel. (④) As Daniel slowly realized that his life was not over and that he could do many activities again, he regained his interest in living. (⑤)

Daniel was not the only one Mick and his team helped. There are estimated to be around 50,000 amputees in Sudan. Mick started Project ¹⁵ Daniel and set up a 3D-printing prosthetic lab and training facility in Sudan. The 3D printers there can create new limbs for around $100. Prosthetic limbs ⓑbuy from companies usually cost between $10,000 and $15,000. Now, the people of South Sudan are learning how to make replacement arms and legs. Thanks to the training they receive, they do not ²⁰ require the assistance of Mick and his team anymore. And they can improve people's lives for little money.

19행 **의문사＋to부정사**

「의문사＋to부정사」는 주로 동사의 목적어로 쓰이며, 의문사에 따라 '어떻게/무엇을/언제/어디에서 ~해야 할지'로 해석한다.

ex We haven't decided **where to put** the sofa.
우리는 소파를 어디에 두어야 할지 결정하지 못했다.

Students and staff members are taught **what to do** when an earthquake strikes.
학생들과 직원들은 지진이 발생할 때 무엇을 해야 할지 배운다.

1 **How did Daniel Omar lose his arms?**

① A vehicle ran over him.

② He had a farming accident.

③ A landmine exploded near him.

④ He was hurt while fighting in a war.

⑤ Bombs from a plane damaged his arms.

수능형 2 **글의 흐름으로 보아, 주어진 문장이 들어가기에 가장 적절한 곳은?**

> His organization helps people who are in need all around the world.

①　　　　②　　　　③　　　　④　　　　⑤

3 **Project Daniel에 관한 글의 내용과 일치하지 <u>않는</u> 것은?**

① It was started by Mick Ebeling.

② It teaches people in Sudan how to use 3D printers.

③ It has already helped more than 50,000 people.

④ It can make new arms and legs for $100.

⑤ It makes prosthetic limbs at a lower price than companies do.

서술형 4 **글의 ⓐ와 ⓑ에 주어진 동사를 어법에 알맞은 형태로 바꾸어 쓰시오.**

ⓐ _____

ⓑ _____

서술형 5 **글의 내용과 일치하도록 빈칸에 알맞은 단어를 본문에서 찾아 쓰시오.**

> Daniel Omar lost both of his arms, but he and many other people got new _____ thanks to the _____ provided by Project Daniel.

06 Bubble Wrap

A mail carrier delivers a package to your home. When you open it, you find the item you ordered wrapped in a kind of plastic. This plastic is called Bubble Wrap, and it has been keeping objects from breaking since 1960.

The history of Bubble Wrap actually dates back to 1957. That year, two engineers named Alfred Fielding and Marc Chavannes were trying to make three-dimensional wallpaper to decorate homes with. They put two shower curtains together and sealed them shut. This created air bubbles in the center. Their invention was a complete failure as wallpaper. But they soon discovered that it was effective at protecting objects.

The two men established the Sealed Air Corporation and began marketing their product. (A) Other companies noticed this and started wrapping their products in it as well. (B) The company wrapped its computers in Bubble Wrap before shipping them off to customers. (C) They managed to land a big client: IBM.

Over time, the number of customers for ⓐ this transparent product has increased around the world. One of its many features has provided _____ in a way its inventors surely never imagined: children love breaking the bubbles to hear the sudden popping sound Bubble Wrap makes. Unfortunately for them, they may not get any pleasure from Bubble Wrap in the future. The Sealed Air Corporation has developed a product called iBubble Wrap, which is not able to be popped.

Structures

03행 **현재완료 진행형**

과거에 시작된 일이 현재에도 계속 진행 중임을 강조할 때 현재완료 진행형(「have/has+been+-ing」)을 쓴다.
현재완료 진행형은 현재완료의 계속 용법처럼 since, for 등과 자주 함께 쓰인다.

ex I **have been reading** the *Harry Potter* series for a month now.
나는 지금 한 달째 「해리 포터」 시리즈를 읽고 있는 중이다.

She **has been writing** movie reviews for the magazine since 2015.
그녀는 2015년부터 그 잡지에 영화평을 써 오고 있는 중이다.

1 What is the passage mainly about?

① the uses of Bubble Wrap

② a new kind of Bubble Wrap

③ the history of Bubble Wrap

④ the inventors of Bubble Wrap

⑤ the way to make Bubble Wrap

2 글의 (A) ~ (C)를 글의 흐름에 맞게 배열한 것으로 가장 적절한 것은?

① (A) – (B) – (C) ② (B) – (A) – (C) ③ (B) – (C) – (A)

④ (C) – (A) – (B) ⑤ (C) – (B) – (A)

3 글의 빈칸에 들어갈 말로 가장 적절한 것은?

① activities ② protection ③ information

④ replacement ⑤ entertainment

4 글의 내용과 일치하도록 다음 질문에 답하시오.

Q What were the creators of Bubble Wrap trying to make when they invented it?

A They were trying to make _____ to decorate homes with.

5 글의 밑줄 친 ⓐthis transparent product가 가리키는 것을 본문에서 찾아 쓰시오.

_____

⭐ **생활 속 발명품**

– 지우개: 책상에 앉아 글을 쓰던 영국의 화학자 조셉 프리스틀리가 잠깐 깊은 생각에 빠졌다 정신을 차려 보니 종이 위의 글씨가 모두 지워져 있었다. 종이 주변에는 자잘한 고무 가루가 흩어져 있었고, 그의 손에는 작은 고무 덩어리가 들려 있었다. 자신이 무의식 중에 고무 덩어리로 종이를 문질렀다는 사실을 알아차린 프리스틀리는 지우개를 발명하게 된다.

– 볼펜: 헝가리 기자 라슬로 비로는 신문용 잉크는 흘러내리거나 빨리 녹지 않는다는 점에 착안, 그 잉크를 작은 관에 넣고 쇠구슬을 넣어 볼펜을 발명했다.

– 전자레인지: 무기 연구원인 퍼시 스펜서는 실험실에서 주머니 속 초콜렛이 녹은 것을 발견했다. 스펜서는 여러 가지 실험을 통해 마이크로파가 수분에 닿으면 온도를 높인다는 것을 알아내었고 그 결과로 전자레인지가 탄생했다.

07 International Women's Day

Every March 8 around the world, millions of women have celebrations. The reason they do this is that it is International Women's Day.

International Women's Day is a day that has changed ① <u>greatly</u> over time. In the beginning, it was mostly focused on politics. The first Women's Day was ② <u>organized</u> by the Socialist Party of America and held in the United States on February 28, 1909. A few years later in 1917, the Soviet Union began to celebrate it on March 8.

For many years, International Women's Day was celebrated almost exclusively by communists and socialists. They ③ <u>violated</u> women's rights, such as the right to vote, which women in numerous countries could not have in the early twentieth century. As a result, there were often protests and strikes by women on March 8 each year since they wanted to gain more ④ <u>rights</u>.

The holiday began to change in 1975, when the United Nations began celebrating it. Since then, each year, there has been a different theme for the day, such as ending violence against women and promoting gender equality. Today, the holiday is celebrated in more than 100 countries around the world. In some places, there are parades and political rallies. In others, it is more like Mother's Day, so men frequently give the women in their lives small gifts and ⑤ <u>express</u> their thanks to them.

Structures

16행 계속적 용법의 관계부사

계속적 용법의 관계부사는 선행사에 대한 추가적인 설명을 제공한다. 관계부사 앞에 콤마(,)를 붙이며, 관계부사 앞의 절부터 해석한다.

ex I flew to Paris, **where** I had to catch another plane to Lisbon.
나는 비행기로 파리에 갔는데, 그곳에서 리스본으로 가는 또 다른 비행기를 타야 했다.
South Korea and Japan co-hosted the World Cup in 2002, **when** my brother was born.
한국과 일본은 2002년에 월드컵을 공동 주최했는데, 그 해에 내 남동생이 태어났다.

1 글의 밑줄 친 부분 중, 문맥상 낱말의 쓰임이 적절하지 <u>않은</u> 것은?

①   ②   ③   ④   ⑤

2 According to the passage, what did women usually do on International Women's Day in the early twentieth century?

① They had political rallies.
② They gave presents to others.
③ They celebrated with parades.
④ They promoted gender equality.
⑤ They protested and went on strike.

3 글의 내용과 일치하면 T, 그렇지 않으면 F를 쓰시오.

(1) The Soviet Union celebrated International Women's Day on February 28.   _____

(2) People celebrate International Women's Day in more than 100 countries today.   _____

4 Find the word in the passage which has the given meaning.

> *n.* the quality or state of having the same rights, social status, etc.

_____

5 글의 내용과 일치하도록 빈칸에 알맞은 단어를 본문에서 찾아 쓰시오.

> International Women's Day focused on _____ at first but has had a different _____ every year since _____.

08 The Green Vault

In 1945, World War II was taking place in Europe. In February of that year, American and British bombers launched an attack on the German city of Dresden. For two days, bombs fell on the city, killing tens of thousands of people and destroying numerous buildings. Dresden Castle was heavily damaged during the attack, and three rooms in the Green Vault 5 were destroyed.

The Green Vault was originally built by Augustus the Strong in the early 1700s. He made Dresden a center for the arts and had lots of valuable possessions put on display in Dresden Castle. This led to the creation of the Green Vault, which was Europe's first public museum. 10

The rooms in the Green Vault were themselves impressive works of baroque architecture. They housed valuables made of amber, gold, silver, jewels, crystal, and ivory. They also ⓐcontained the Dresden Green, the world's biggest and most beautiful green diamond.

While bombers destroyed part of the Green Vault, the collection was 15 safe because it had been moved to another location. However, the treasures were taken by the Soviet army and not returned to Dresden until 1958. The museum was later rebuilt and today has two parts: the Historic Green Vault, which recreates the rooms made by Augustus, and the New Green Vault. While the museum is not as famous as others in Paris, London, 20 Rome, or Venice, it nonetheless rivals them with regard to the beauty of its collection.

Structures

16행 과거완료

과거완료는 「had+p.p.」의 형태로, 과거보다 이전에 시작된 일이 과거의 어느 시점까지 영향을 미치거나 과거보다 이전에 일어난 일(대과거)을 나타낼 때 쓴다.

ex The scientists reported that they **had found** a cure for diabetes.
과학자들은 당뇨병의 치료법을 발견했다고 보고했다.

After Emma **had finished** cleaning the kitchen, she started cooking dinner.
Emma는 주방 청소를 끝낸 후에 저녁 식사를 준비하기 시작했다.

1 **Which of the following is NOT true of the Green Vault?**

① It was partly destroyed in World War II.

② It was originally made by Augustus the Strong in the early eighteenth century.

③ It was the biggest public museum in Europe.

④ It contains many treasures kept in two parts.

⑤ It is less famous than museums in Paris and London.

2 **According to the passage, what are the items in the Green Vault NOT made of?**

① gold   ② wood   ③ silver

④ jewels   ⑤ ivory

3 **Find the word in the passage which has the same meaning as the underlined @contained.**

_____

4 **Why were the treasures in the Green Vault not destroyed in World War II?**

They had been _____.

Summary

Fill in the blanks by using the words below.

museum	rebuilt	destroyed	valuables

Part of the Green Vault in Dresden Castle was _____ in World War II. The Green Vault was built by Augustus the Strong in the early 1700s. It was Europe's first public _____ and housed many types of _____. The collection was taken by the Soviet army. Everything was returned to Dresden in 1958, and the museum was later _____.

A 다음 문장을 밑줄 친 부분에 유의하여 우리말로 해석하시오.

1 The people of South Sudan are learning <u>how to make</u> replacement arms and legs.

_____

2 Bubble Wrap <u>has been keeping</u> objects from breaking since 1960.

_____

3 The holiday began to change in 1975, <u>when</u> the United Nations began celebrating it.

_____

4 While bombers destroyed part of the Green Vault, the collection was safe because it <u>had been</u> moved to another location.

_____

B 우리말과 같은 뜻이 되도록 주어진 말을 바르게 배열하시오.

1 소포를 열어보았을 때, 당신은 주문한 물건이 일종의 플라스틱에 싸여 있는 것을 안다.

When you open the package, you _____.

(wrapped, plastic, a kind of, ordered, find, you, in, the item)

2 이 투명한 제품의 고객 수는 전 세계에서 증가했다.

_____ around the world.

(this, has increased, customers, number of, transparent product, for, the)

3 남자들은 흔히 주변 여성들에게 작은 선물을 주고 그들에게 감사의 마음을 표현한다.

_____ and express their thanks to them.

(in their lives, give, frequently, the women, small gifts, men)

C 우리말과 같은 뜻이 되도록 빈칸에 알맞은 말을 쓰시오.

1 그들은 샤워 커튼 두 장을 함께 붙여 완전히 밀봉했다.

They put two shower curtains together and _____ them _____.

2 강건왕 아우구스투스는 많은 귀중한 소장품들을 드레스덴성에 전시했다.

Augustus the Strong had lots of valuable possessions _____ _____ _____ in Dresden Castle.

3 그 박물관은 그럼에도 불구하고 소장품의 아름다움에 관해서는 그들과 견줄 만하다.

The museum nonetheless rivals them _____ _____ _____ the beauty of its collection.

지칭 추론

유형 소개

4문항 | 2점 | 난이도 ★★☆

글에서 제시되는 사건을 잘 파악하고 있는지를 확인하는 문항으로, 밑줄 친 부분이 가리키는 대상이 다른 하나를 찾는 유형이다. 밑줄 친 부분은 주로 대명사이며, 두 명 이상의 인물이 등장하는 일화가 제시된다.

유형 공략

 Step 1 글에서 제시되는 일화의 내용을 파악한다.

Step 2 글의 등장인물 간의 관계를 파악한다.

Step 3 문맥상 가리키는 대상이 지칭하는 것을 확인한다.

유형 도전 밑줄 친 부분이 가리키는 대상이 나머지 넷과 <u>다른</u> 것은?

There was once a very wealthy and curious king. This king had a huge boulder placed in the middle of a road. Then, ①he hid nearby to see if anyone would try to remove the gigantic rock from the road. To ②his disappointment, many people passed by, but not one of them tried to move the boulder. They simply walked around it. Finally, a peasant came along. Instead of simply walking around it, he tried to move the stone to the side of the road. It took a lot of effort, but he finally succeeded. Then, ③he saw a purse lying in the road where the boulder had been. The peasant opened the purse. The purse was full of gold coins and a note from the king. The note said the purse's gold was a reward ④he had prepared for the person who moved the boulder from the road. ⑤He showed the peasant what many of us never understand: every obstacle presents an opportunity to improve our condition.

변형 문제 윗글이 제시하는 교훈을 찾아서, 우리말로 쓰시오.

_____

 Words & Phrases

wealthy 부유한 | **curious** 호기심 많은 | **boulder** 둥근 돌 | **nearby** 근처에 | **gigantic** 거대한 | **disappointment** 실망 | **pass by** 지나가다 |
peasant 농부 | **effort** 노력 | **purse** 돈주머니 | **reward** 보상 | **obstacle** 장애물 | **condition** 상황

Chapter 03

09 **Artificial Glaciers**

빙하가 녹고 있다고?! 그럼, 만들면 되지!

10 **The Man with the Golden Arm**

수 많은 생명을 구한 진정한 히어로

11 **Procrastination**

지피지기면 백전백승, 벼락치기는 이제 그만!

12 **Smart Cities**

스스로 척척! 똑똑해지는 도시

Structures

- This **caused** the water **to freeze**. 능률 (김, 비상)
- It **is given to** pregnant women for a condition that could kill their babies.
- **Not everyone** procrastinates simply because they are lazy or do not want to do the work.
- Thanks to modern technology, smart cities **will be created** around the world soon.

Vocabulary Preview

09 | Artificial Glaciers

☐ glacier	n. 빙하	☐ melt	v. 녹다
☐ northernmost	a. 최북단의	☐ nearby	a. 인근의
☐ region	n. 지역	☐ come up with	(해답 등을) 찾아내다
☐ desert	n. 사막	☐ capture	v. 잡아놓다
☐ rainfall	n. 강우(량)	☐ gather	v. 모으다
☐ distant	a. 먼	☐ freeze	v. 얼다

10 | The Man with the Golden Arm

☐ operation	n. 수술	☐ condition	n. 질병, 질환
☐ require	v. 필요로 하다	☐ estimate	n. 추산, 추정; v. 추정하다
☐ donate	v. 기증하다	☐ injection	n. 주사
☐ startling	a. 놀라운	☐ track down	찾아 내다
☐ contain	v. ~이 들어 있다	☐ donor	n. 기증자
☐ rare	a. 드문	☐ benefit from	~의 혜택을 보다
☐ antibody	n. 항체	☐ generosity	n. 너그러움, 선행
☐ pregnant	a. 임신한		

11 | Procrastination

☐ assign	v. 주다, 할당하다	☐ ironically	adj. 아이러니하게, 반어적으로
☐ due	a. ~하기로 되어 있는	☐ result in	~을 초래하다
☐ immediately	adv. 바로, 즉시	☐ imposter	n. 사기꾼
☐ procrastinate	v. 미루다	☐ dread-filled	두려움으로 가득 찬
☐ until the last minute	마지막 순간까지	☐ overwhelmed	a. 짓눌린, 압도된
☐ perfectionist	n. 완벽주의자	☐ eliminate	v. 제거하다, 없애다

12 | Smart Cities

☐ get off	하차하다, 내리다	☐ redirect	v. 방향을 바꾸다
☐ efficient	a. 효율적인, 능률적인	☐ usage	n. 사용, 사용량
☐ device	n. 장비	☐ urban	a. 도시의
☐ traffic jam	교통 체증	☐ public transportation	대중 교통
☐ ensure	v. 반드시 ~하게 하다, 보장하다	☐ concern	n. 우려, 걱정

09 Artificial Glaciers

Environment | 231 words | ★☆☆

People often think of India as a land of rainforests. While that is true for some parts of the country, the northernmost area is full of mountains. This region, called Ladakh, is also a cold desert. Only about ten centimeters of rain fall each year.

<u>Ladakh가 항상 이랬던 것은 아니다</u> though. In the past, there was rainfall in the spring. Then, during the summer and autumn months, glaciers and snow on distant mountains melted. The water found its way to Ladakh, where people used it to water their crops. In recent decades, the rainy season has mostly disappeared while the glaciers have become smaller in size.

Since there are no nearby glaciers today, the people of Ladakh came up with their own solution. They made their own glaciers. In 1987, an engineer named Chewang Norphel had an idea. He found a place in the mountains where he could capture water from melted glaciers. Using pipes and walls, he gathered large amounts of water in a pool. Because it was more than 4,000 meters high, the temperature was cold. This caused the water to freeze. That was Ladakh's first artificial glacier.

Today, there are four artificial glaciers in Ladakh, and there were several others in the past. There are trees in many villages there, and crops grow well, too. Many people there now refer to Norphel as "the Ice Man."

1 글의 제목으로 가장 적절한 것은?

① Farming in India
② A Really Cool Idea
③ Chewang Norphel
④ The People of Ladakh
⑤ The Glaciers of India

2 글에 따르면 Chewang Norphel이 한 일은?

① He started a farm in Ladakh.
② He called himself "the Ice Man."
③ He gathered water from nearby lakes.
④ He made the first artificial glacier in Ladakh.
⑤ He taught the people of Ladakh engineering.

3 What can be inferred about the first artificial glacier in Ladakh?

① It no longer exists there.
② It has become bigger over time.
③ It disappears in the winter months.
④ People use it to help trees and crops grow.
⑤ The people of Ladakh do not need it anymore.

4 밑줄 친 우리말과 같은 뜻이 되도록 주어진 단어를 바르게 배열하시오.

(not, Ladakh, always, this, has, like, been)

→ _____

5 글의 내용과 일치하도록 빈칸에 알맞은 단어를 본문에서 찾아 쓰시오.

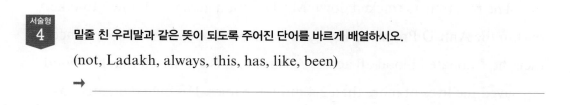

The _____ season in Ladakh mostly _____, so people got water by making _____ glaciers.

10 The Man with the Golden Arm

When a person saves the life of another individual, people often call him or her a hero. So what do you call a person who saves the lives of millions of people?

At the age of fourteen, James Harrison, 5
an Australian, needed an operation. To survive, he required large amounts of blood. He never forgot about all the people who donated the blood ① that saved his life. Once he became an adult, he decided to repay all the people who helped him live by ② donating his own blood. Even though he was afraid of needles, he began visiting medical 10 centers in Australia.

He started ⓐ doing that in the 1950s. Then, in the 1960s, researchers made a startling discovery. They learned that Mr. Harrison's blood contained a rare antibody. It could be used to make a medicine ③ called Anti-D. It is given to pregnant women for a condition that could kill their 15 babies. According to some estimates, around 17% of all Australian women who get pregnant need Anti-D injections.

The researchers tracked down Mr. Harrison and asked him ④ to take part in the Anti-D Program. He agreed and became the first donor. Since then, he ⑤ donated blood all across Australia. It is estimated that his blood 20 has saved the lives of more than 2.4 million babies. His own daughter has even benefitted from his generosity. Now, eighty-one, Mr. Harrison can no longer donate blood. But Australians consider him a real superhero.

Structures

15행 4형식의 수동태

4형식 문장은 간접목적어와 직접목적어 둘 다 주어로 하여 수동태를 만들 수 있다. 직접목적어가 수동태 문장의 주어인 경우 간접목적어 앞에 전치사 to(give, teach, show, award 등)나 for(buy, make 등)를 쓴다.

ex They awarded the winner a gold medal. 그들은 우승자에게 금메달을 수여했다.
　　　　　　　간접목적어　　직접목적어
　→ The winner **was awarded** a gold medal. 우승자는 금메달을 받았다.
　→ A gold medal **was awarded to** the winner. 금메달이 우승자에게 수여되었다.

1 글의 주제로 가장 적절한 것은?

① a rare antibody
② the Anti-D Program
③ a way to donate blood to others
④ a man whose blood is very valuable
⑤ a problem affecting babies in Australia

2 Which one is NOT grammatically correct in the passage?

①   ②   ③   ④   ⑤

3 Anti-D에 관한 글의 내용과 일치하지 <u>않는</u> 것은?

① It is made with a rare antibody.
② It is formed naturally in the body.
③ It is given to pregnant women.
④ Some women need it to keep their babies alive.
⑤ Around 17% of pregnant women in Australia need it.

서술형
4 글의 밑줄 친 ⓐ<u>doing that</u>이 가리키는 것을 15자 이내의 우리말로 쓰시오.

_____

서술형
5 글의 내용과 일치하도록 빈칸에 알맞은 단어를 본문에서 찾아 쓰시오.

James Harrison's _____ contains a rare _____ used to make Anti-D, so he has saved millions of _____ with his donations.

11 Procrastination

Your teacher assigns a project due in three weeks. Do you work on it immediately or later? Many people procrastinate and wait until the last minute to complete their work. Procrastination is a problem for many people. But not everyone procrastinates simply because they are lazy or do not want to do the work. There are actually several kinds of procrastinators. 5

Some people are perfectionists. They are afraid of making mistakes, so they spend too much time focusing on one part of a project. As a result, they do not manage their time well, so they have to hurry to complete their project. Ironically, this results in perfectionists making mistakes.

Other people are imposters. They believe they are unqualified to do 10 some work, so they simply put off doing it. Dread-filled people think doing work is boring or unpleasant, so they ⓐ delay doing it because they dislike it. Overwhelmed people think there is too much work to do, so they have no idea where to start. As a result, they do nothing at all. And lucky people believe they work better under pressure, so they wait until the last minute 15 to complete their assignments.

In most cases, procrastinating causes problems for people, but they can learn to stop doing it. Overcoming procrastination first involves determining which type of procrastinator you are. Once you know that, you can take steps 20 to stop making delays and working more quickly. Then, you can eliminate procrastination from your life.

Structures

04행 **부분부정**

all, every, both, always 등이 not과 함께 쓰이면 '모두가/둘 다/항상 ~인 것은 아닌'이라는 뜻의 부분부정을 나타낸다.

ex Laughter is **not always** the best medicine.
웃음이 항상 최고의 명약은 아니다.

All that is gold does **not** glitter.
금이라고 해서 다 반짝이는 것은 아니다.

1 **What is the passage mainly about?**

① perfectionists and imposters
② the best way to stop procrastinating
③ the importance of not procrastinating
④ some different types of procrastinators
⑤ the effects procrastination has on people

2 **Perfectionists에 관한 글의 내용과 일치하지 않는 것은?**

① 실수하는 것을 두려워한다.
② 시간을 잘 관리하지 못한다.
③ 스트레스를 받을 때 일을 더 잘한다.
④ 일을 서둘러 끝내야 하는 상황에 처한다.
⑤ 미루는 습관 때문에 실수를 저지른다.

3 **글의 내용과 일치하면 T, 그렇지 않으면 F를 쓰시오.**

(1) Imposters delay because they dislike doing work. _____
(2) It is important to know what type of procrastinator you are
to overcome procrastination. _____

4 **Find the phrase in the passage which has the same meaning as the underlined ⓐdelay.**

_____

5 **밑줄 친 문장에서 틀린 곳을 찾아 바르게 고치시오.**

_____ ➔ _____

⭐ **뽀모도로 기법** (Pomodoro Technique)

미루는 습관을 고치려면 어떻게 해야 할까? 항상 미루는 습관이 고민이라면 뽀모도로 기법을 이용해 보자. 뽀모도로 기법은 일종의 시간 관리법으로, 1980년대 후반 프란체스코 시릴로가 제안했다. 그는 대학 시절 토마토 모양의 요리용 타이머를 이용하여 25분 집중 후 5분간 휴식하는 방식을 이용했다. 이 방식은 단순해 보이지만, 단기간에 일을 처리하고 스스로에게 휴식을 주는 방식으로 일을 효율적으로 완성할 수 있도록 도와준다. 다음 번에 과제를 할 때, 뽀모도로 기법을 이용하여 시간을 활용해 보자.

12

Smart Cities

At night, you are walking alone on a dark city street. As you go, each streetlight above you turns on to light your way. When you get to the bus stop, your bus arrives just two minutes later. The bus passes through several green lights without stopping until you arrive at the place you get off. Today is not your lucky day. You are simply living in a smart city. 5

Thanks to modern technology, smart cities will be created around the world soon. They will use information and communication technologies to make cities more efficient. They will be able to do this thanks to the Internet of Things, which will connect most electronic devices to one another over the Internet, and artificial intelligence. 10

Smart cities will not just make streetlights turn on and off, control when buses arrive, and make traffic lights more efficient. They will also help ensure that traffic jams become a thing of the past by redirecting traffic from busy streets so that it flows smoothly. They will control the collection of garbage, the usage of electricity and water, and the repair of various 15 problems in urban areas as well.

Some places already use smart-city technology. Dubai, United Arab Emirates, uses smart-city technology for traffic control while Singapore uses it for crowd control and parking. And Barcelona, Spain, provides free Wi-Fi on public transportation. There are concerns about privacy issues and 20 hackers, but supporters of smart cities hope to solve those problems in the future.

Structures

06행 미래 수동태

수동태의 미래 시제는 「will+be+p.p.」의 형태로 나타내며, '~될 것이다'라고 해석한다.

ex You **will be given** plenty of time to get ready.
너는 준비할 충분한 시간이 주어질 것이다.

The first holographic smartphone **will be released** later this year.
최초의 홀로그램 스마트폰이 올해 말에 출시될 것이다.

수능형
1 **What is the passage mainly about?**

① smart cities around the world

② the costs of creating smart cities

③ the best ways to make smart cities

④ the reasons people want smart cities

⑤ how cities will use smart-city technology

2 **What will smart cities NOT do?**

① turn streetlights on and off

② control traffic

③ help with garbage collection

④ send taxis to pick up people

⑤ repair problems in cities

서술형
3 **How does Singapore use smart-city technology?**

→ It uses smart-city technology for _____ and _____.

서술형
4 **Find the word in the passage which has the given meaning.**

> *a.* capable of producing desired results without wasting materials, time, or energy

_____

Summary

Fill in the blanks by using the words and phrases below.

electronic devices	technologies	usage	Internet of Things

Smart cities will use information and communication _____, so they will be very efficient. They will use the _____ and artificial intelligence to operate _____. They will control traffic, the collection of garbage, the _____ of electricity and water, and the repair of various problems. Some places, like Dubai, Singapore, and Barcelona, already use smart-city technology.

Focus on Sentences

A 다음 문장을 밑줄 친 부분에 유의하여 우리말로 해석하시오.

1 This caused the water to freeze.

_____

2 It is given to pregnant women for a condition that could kill their babies.

_____

3 Not everyone procrastinates simply because they are lazy.

_____

4 Thanks to modern technology, smart cities will be created around the world soon.

_____

B 우리말과 같은 뜻이 되도록 주어진 말을 바르게 배열하시오.

1 사람들은 흔히 인도를 열대 우림의 땅이라고 생각한다.

People often _____.
(of, land, think, rainforests, a, India, as, of)

2 사람이 다른 사람의 목숨을 구할 때 사람들은 그 사람을 흔히 영웅이라고 부른다.

When a person saves the life of another individual, _____.
(hero, him, a, her, call, people, or)

3 미루는 습관을 극복하는 것은 우선 당신이 어떤 부류의 미루는 사람인지 결정하는 것을 필요로 한다.

Overcoming procrastination first involves determining _____
_____. (of, you, type, procrastinator, are, which)

C 우리말과 같은 뜻이 되도록 빈칸에 알맞은 말을 쓰시오.

1 Ladakh 사람들은 그들 자신만의 해결책을 내놓았다.

The people of Ladakh _____ _____ _____ their own solution.

2 자신의 딸도 그의 선행의 덕을 보았다.

His own daughter has even _____ _____ his generosity.

3 많은 사람들이 미루고 마지막 순간까지 기다렸다가 숙제를 끝낸다.

Many people procrastinate and wait _____ _____ _____ _____
to complete their work.

어법

유형 소개

다섯 개의 밑줄 친 부분 중에서 어법상 틀린 것을 찾는 유형과 제시된 세 쌍의 표현 중에서 어법에 맞는 것을 고르는 유형으로 출제되고 있다. 문법의 세부적인 사항을 묻는 문제 이외에도, 문맥을 통한 문장 구조를 묻는 문제가 출제되고 있다.

유형 공략

Step 1 글의 전체 내용을 파악한다.
Step 2 밑줄 친 부분이 어떤 문법 항목에 관한 것인지 확인한다.
Step 3 글의 전체 내용을 고려하면서, 해당되는 부분의 어법상 적절성을 확인한다.

 다음 글의 밑줄 친 부분 중, 어법상 틀린 것은?

Developing your questioning skills ①assists you in clarifying and developing a clear understanding of the subject under discussion. Questions are important during any conversation ②where a person has expressed his or her feelings or point of view. Too many questions in a session may seem like an *interrogation and lead to defensiveness. Leading questions that put answers into people's mouths should be avoided. The listener may be left with the impression that you have already decided ③that the answer should be. Closed questions allow the speaker to respond with only one-word answers. Although these questions can be used ④to obtain valuable information, clarity, or focus, the overuse of them should be avoided. In a sales environment, it can be harmful to use closed questions; you need ⑤to create a positive two-way communication.

*interrogation 심문

 폐쇄형 질문은 상대방에게 어떤 답변을 하도록 만드는지 우리말로 쓰시오.

_____

assist 조력하다, 돕다 | **clarify** 명료하게 하다 | **subject** 주제 | **discussion** 토론 | **session** (활동) 기간, 회의 | **defensiveness** 방어적 태도 | **impression** 인상 | **clarity** 명료함 | **focus** 중심점 | **overuse** 과도한 사용 | **positive** 긍정적인 | **two-way** 양방향의

Chapter 04

13 **The Origins of Coats of Arms**

어디 소속인지를 밝히시오!

14 **Texas Safaris**

텍사스에서도 사파리가!?

15 **Theo van Gogh**

위대한 화가, 위대한 형제

16 **Untact Marketing**

도움 없이도 쇼핑할 수 있어요!

Structures

- **Each** of these is a coat of arms.
- Others let tourists visit their land, where they can act **as if** they **are** on safaris. YBM(박), 능률(김)
- **Without** the love and support of Theo, it is doubtful that Vincent **would have become** a great artist. 천재(김), 비상
- A customer simply **sets** a product **down** on a smart table.

Vocabulary **Preview**

13 | **The Origins of Coats of Arms**

☐ coat of arms	(가문·도시 등의 상징인) 문장	☐ as for	~에 관해 말하자면
☐ belong to	~에 속하다	☐ nobleman	n. 상류층, 귀족
☐ field	n. 분야	☐ stand for	나타내다, 상징하다
☐ heraldry	n. 문장학	☐ loyalty	n. 충성심
☐ knight	n. 기사	☐ boar	n. 야생 돼지
☐ shield	n. 방패	☐ cunning	n. 교활함

14 | **Texas Safaris**

☐ vast	a. 광활한, 방대한	☐ observe	v. 관찰하다
☐ plain	n. 평원, 평지	☐ enormous	a. 거대한
☐ ostrich	n. 타조	☐ exotic	a. 이국적인
☐ in the distance	저 멀리, 먼 곳에	☐ ranch	n. 목장
☐ herd	n. (짐승의) 떼	☐ import	v. 수입하다
☐ graze	v. 풀을 뜯다, 방목하다	☐ popular	a. 인기 있는

15 | **Theo van Gogh**

☐ income	n. 수입	☐ handle	v. 다루다
☐ support	v. 도움을 주다; n. 도움, 지원	☐ mental	a. 정신적인
☐ financial	a. 경제적인, 재정적인	☐ issue	n. 문제
☐ dealer	n. 딜러, 중개인	☐ advisor	n. 조언자
☐ exhibit	v. 전시하다	☐ doubtful	a. 의심이 드는

16 | **Untact Marketing**

☐ untact	a. 비대면의, 비접촉의	☐ indicate	v. 표시하다, 나타내다
☐ frequently	adv. 자주	☐ state	v. 명시하다
☐ interaction	n. 교류	☐ utilize	v. 활용하다
☐ deal with	~를 대하다	☐ make a determination	결정하다
☐ low-tech	단순한 기술의	☐ shelf	n. 선반 (pl. shelves)
☐ label	n. 표, 라벨	☐ innovation	n. 혁신, 획기적인 것

13 The Origins of Coats of Arms

Look at the symbols of many countries, organizations, clubs, and families. They frequently have different colors and images arranged in certain ways. Each of these is a coat of arms. They belong to the field of heraldry, which developed in Europe in the Middle Ages.

In the twelfth century, knights often fought one another while in full armor. They wore protective plates over their entire bodies, including their heads. There was therefore no way to identify the knights when they were wearing armor. Some knights started painting symbols on their shields. Others painted ⓐ them on the coat they wore over their armor, which caused these symbols to be called coats of arms.

Kings, knights, and noblemen in Europe all had coats of arms. ⓑ They had various colors and symbols on them. (①) Each one had a specific meaning. (②) For instance, the color purple symbolized royalty, gold meant power, and red stood for military power. (③) As for blue, it represented loyalty, truth, and strength. (④) Lions and boars symbolized bravery. (⑤) Foxes represented cunning, and elephants stood for great power.

Some coats of arms were simple while others were more complicated. Each family would pass its coat of arms down from generation to generation. Eventually, even countries developed their own coats of arms. These help the members of these groups develop a sense of belonging, so they bring people closer together.

Structures

03행 부정대명사 each

each는 '각각; 각각의'라는 뜻으로, 둘 이상의 사람이나 물건의 하나하나를 가리킨다. each 뒤에는 단수명사가 오고 단수 취급한다. each of 뒤에는 복수명사가 나오지만 동사는 단수형이 쓰인다.

ex **Each** answer **is** worth 5 points.
= **Each** of the answers **is** worth 5 points.
각각의 답은 5점이다.

Each horse **has** won major international races.
= **Each** of the horses **has** won major international races.
각각의 말들은 주요 국제 대회에서 우승을 한 적이 있다.

1 글의 흐름으로 보아, 주어진 문장이 들어가기에 가장 적절한 곳은?

> Animals were often featured on coats of arms as well.

①   ②   ③   ④   ⑤

2 What did families do with their coats of arms?

① They sold them to different families.
② They changed the colors used on them.
③ They passed them down to other generations.
④ They added animals or other designs to them.
⑤ They used them for the companies or groups they started.

3 글의 내용과 일치하면 T, 그렇지 않으면 F를 쓰시오.

(1) Only countries had their own coats of arms.   _____
(2) The lion and the boar were both symbols of bravery.   _____

4 글의 밑줄 친 ⓐthem과 ⓑThey가 각각 가리키는 것을 본문에서 찾아 쓰시오.

ⓐ _____

ⓑ _____

5 글의 내용과 일치하도록 빈칸에 알맞은 단어를 본문에서 찾아 쓰시오.

> Coats of arms developed during the _____ century, and the colors and _____ that were used on them all had _____ meanings.

문장(紋章)의 종류

문장은 개인, 가족 혹은 특정 집단의 기호적 표식을 일컬으며, 동물을 비롯하여 식물, 별, 무기 등 모티프를 정해서 도형화한 것이다. 문장은 신분을 비롯해 정치적, 군사적, 경제적 지위나 권력을 보여주는 기능을 하였다. 문장의 종류로는 ① 왕·주권자·국가의 문장, ② 영주(領主)로부터 허락된 문장, ③ 성직(聖職)·도시·대학·길드와 그 밖의 단체의 문장, ④ 특별한 가문(家門)에 속하는 세습적인 문장, ⑤ 결혼으로 이루어진 문장 등이 있다.

14 Texas Safaris

The sun slowly sets over the vast plain. A family of giraffes eats leaves from some nearby trees. An ostrich runs across the land. In the distance, a ①herd of gazelles can be seen grazing. The only sounds come from the clicking noises of the tourists' cameras as they ②observe the animals. They are enjoying their safari in Texas. 5

This may sound like a scene from Africa, but it is actually happening in the state of Texas in the United States. Texas is an enormous state, and the climate and land in parts of it ③contrast the regions of Africa where large animals like lions, elephants, giraffes, and gazelles live. As a result, all kinds of exotic animals can be found living on ranches throughout the state. 10

Ranchers have been ④importing exotic animals to Texas for decades. Tigers are one popular animal. According to reports, there are more than 3,000 tigers living in Texas. Lions, cheetahs, and rhinos are other popular animals. 15

What is the ⑤purpose of these ranches? Some ranchers simply like raising animals and giving them homes. Others let tourists visit their land, where they can act as if they are on safaris. If you ever want to go on an African safari but cannot afford a trip to Africa, go to 20 Texas instead. It will be almost like ⓐthe real thing.

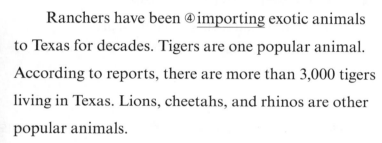

Structures

19행 **as if + 현재형 vs. as if + 과거형**
as if는 '마친 ~인 것처럼'이라는 뜻의 접속사로, if절의 시제에 따라 의미가 달라진다. 「as if+현재형」은 현재의 가능성 있는 사실을 나타내지만, 「as if+과거형」은 현재의 사실과 반대되는 일을 나타내는 가정법 과거이다.
ex Charlotte looks **as if** she **is** rich.
Charlotte은 부자인 것처럼 보인다. (부자일 수도 있고 아닐 수도 있다는 의미)
Benjamin talks **as if** he **were** rich.
Benjamin은 마치 부자인 것처럼 말한다. (실제로는 부자가 아님)

1 글의 주제로 가장 적절한 것은?

① zoos with African animals
② what an African safari is like
③ how to be a rancher in Texas
④ wild animals that live in Texas
⑤ the climate in Africa and Texas

수능형
2 글의 밑줄 친 부분 중, 문맥상 낱말의 쓰임이 적절하지 않은 것은?

①   ②   ③   ④   ⑤

3 According to the passage, what animals do NOT live on ranches in Texas?

① giraffes   ② gazelles
③ cheetahs   ④ rhinos
⑤ hippos

서술형
4 글의 밑줄 친 ⓐthe real thing이 가리키는 것을 본문에서 찾아 세 단어로 쓰시오.

_____

서술형
5 글의 내용과 일치하도록 빈칸에 알맞은 단어를 본문에서 찾아 쓰시오.

Many ranchers in _____ have ranches with _____ such as lions, elephants, giraffes, and tigers, and some of them let _____ visit their land.

15 Theo van Gogh

One of history's most famous artists was Vincent van Gogh. He is well known for his paintings such as *Starry Night* and *Sunflowers*. Some of them ①have sold for tens of millions of dollars. During his life, however, he was a failed artist who only managed to sell a single painting for 400 francs. In that case, how did he manage to have a career as a painter without an income? 5

Vincent van Gogh was supported by his brother, Theo van Gogh. While Vincent was ②the older of the two, it was Theo who acted more like a big brother. He encouraged Vincent to become an artist and provided his brother with financial support. He even purchased and sent painting materials like canvases and paints to Vincent. 10

Theo ③himself was an art dealer who was responsible for increasing the popularity of various Impressionist artists. For instance, he encouraged his employer to purchase and exhibit works of men such as Claude Monet. But it was his encouragement of his brother ④who really changed the art world.

Theo wrote hundreds of letters to Vincent. He helped his brother 15 handle his mental issues and provided encouragement ⑤despite his lack of sales. When Vincent expressed his worries, Theo was an eager listener and advisor. Without the love and support of Theo, it is doubtful that Vincent would have become a great artist. So close were the brothers that Theo died only six months 20 after Vincent himself passed away.

Structures

18행 **without 가정법**

「without+명사(구)」는 가정법의 if절을 대신하는 어구이다. 주절의 동사에 따라 가정법 과거는 'if it were not for ~(~이 없다면)'로, 가정법 과거완료는 'if it had not been for ~(~이 없었다면)'로 바꾸어 쓸 수 있다.

ex **Without** water, life on the Earth **would not exist**.
= **If it were not for** water, life on the Earth **would not exist**.
물이 없다면 지구상의 생명체는 존재하지 않을 것이다.

Without your help, I **could not have finished** my homework on time.
= **If it had not been for** your help, I **could not have finished** my homework on time.
너의 도움이 없었다면, 나는 숙제를 제시간에 끝낼 수 없었을 것이다.

1 글의 밑줄 친 부분 중, 어법상 **틀린** 것은?

①   ②   ③   ④   ⑤

2 Theo van Gogh에 관한 글의 내용과 일치하지 **않는** 것은?

① He was Vincent's older brother.
② He encouraged Vincent to become an artist.
③ He supported Vincent financially.
④ He worked as an art dealer.
⑤ He wrote many letters to Vincent.

3 What can be inferred about Theo van Gogh?

① He helped Vincent paint *Sunflowers*.
② One of the causes of his death was Vincent's death.
③ He and Vincent lived together in France for a while.
④ He sold many of Vincent's paintings after his death.
⑤ Several of his own paintings were sold to art collectors.

4 글의 내용과 일치하도록 다음 질문에 답하시오.

Q How did Theo van Gogh increase the popularity of Impressionist artists?

A He encouraged his employer to _____

_____.

5 Find the word in the passage which has the given meaning.

> *v.* to make a painting, sculpture, etc. available for people to see

_____

Untact Marketing

These days, people are frequently more comfortable with electronic devices than they are with other individuals. This has caused untact marketing to become popular in South Korea. The word *untact* is a combination of *un*, meaning "not," and *contact*. It was created for buyers who prefer no face-to-face interactions with sellers. Thanks to untact marketing, people can do their shopping without having to deal with anyone.

Korean stores use both low-tech and high-tech solutions to create untact marketing situations. For instance, some stores _____ _____. One has a label indicating that the shopper would prefer to be left alone. The other has a label stating that the shopper would like to receive assistance.

Regarding high-tech solutions, some stores utilize smart tables. A customer simply sets a product down on a smart table. Then, the screen on the table is filled with information about the product. Some cosmetics stores have smart mirrors for their customers. They let shoppers virtually try on lipstick to see how it would look. Smart mirrors can also make determinations about customers' skin and what types of creams they should use. Other stores let shoppers browse virtual shelves. They scan QR codes with their phones to purchase the items online and then have the products delivered to their homes.

Thanks to these innovations, more and more stores are using untact marketing, so it is gaining popularity around South Korea. Soon, there may be numerous stores with items for sale but no salesclerks in them.

Structures

13행 구동사에서 목적어의 위치

「동사+부사」로 이루어진 구동사의 경우 목적어가 명사일 경우에는 부사 앞이나 뒤에 모두 올 수 있지만, 목적어가 대명사일 경우에는 반드시 동사와 부사 사이에 와야 한다.

ex He **picked** *his bag* **up** from the floor. (O)　　He **picked up** *his bag* from the floor. (O)
He **picked** *it* **up** from the floor. (O)　　He **picked up** *it* from the floor. (X)
그는 바닥에서 가방을 집어 들었다.

1 **What is the best title for the passage?**

① Smart Tables and Mirrors

② A New Way to Shop Alone

③ South Korean Online Stores

④ Low-Tech Untact Marketing Methods

⑤ The Most Popular Stores in South Korea

2 **How do some stores use low-tech untact marketing?**

① by letting shoppers scan QR codes

② by having smart tables for shoppers

③ by creating virtual shelves of products

④ by giving shoppers baskets with labels

⑤ by providing smart mirrors for shoppers

3 **What is the word *untact* a combination of?**

→ It is a combination of _____, meaning "not," and _____.

4 **Unscramble the given words to fill in the blank.**

(shoppers, types, provide, baskets, of, with, two)

→ _____

Summary   Fill in the blanks by using the words below.

| high-tech | virtual | low-tech | interactions |

Untact marketing is for buyers in South Korea who prefer no face-to-face _____ with sellers. The word "untact" is a combination of *un*, meaning "not," and *contact*. There are both low-tech and high-tech solutions. _____ solutions include baskets with labels on them. _____ solutions include smart tables, smart mirrors, and _____ shelves. Untact marketing is gaining popularity in South Korea.

A 다음 문장을 밑줄 친 부분에 유의하여 우리말로 해석하시오.

1 <u>Each</u> of these is a coat of arms.

_____

2 Others let tourists visit their land, where they can act <u>as if</u> they <u>are</u> on safaris.

_____

3 <u>Without the love and support of Theo</u>, it is doubtful that Vincent <u>would have become</u> a great artist.

_____

4 A customer simply <u>sets</u> a product <u>down</u> on a smart table.

_____

B 우리말과 같은 뜻이 되도록 주어진 말을 바르게 배열하시오.

1 이것은 이 단체들의 구성원들이 소속감을 갖게 해 준다.

These _____.

(of, belonging, these groups, a sense of, help, the members, develop)

2 저 멀리 가젤 떼가 풀을 뜯고 있는 것이 보인다.

In the distance, _____.

(grazing, be, gazelles, can, a herd of, seen)

3 이 형제는 사이가 너무나 가까워 Theo는 Vincent가 죽은 지 불과 6개월 후에 죽었다.

_____ Theo died only six months after Vincent

(brothers, that, close, so, were, the)

himself passed away.

C 우리말과 같은 뜻이 되도록 빈칸에 알맞은 말을 쓰시오.

1 예를 들어, 금색은 권력을 의미했고 빨간색은 군사력을 나타냈다.

For instance, gold meant power, and red _____ _____ military power.

2 그는 그림 단 한 점을 400프랑에 간신히 판매했다.

He _____ _____ _____ a single painting for 400 francs.

3 스마트 거울은 고객들이 어떤 종류의 크림을 사용해야 하는지에 관해 결정할 수 있다.

Smart mirrors can _____ _____ _____ what types of creams the customers should use.

내용 불일치

1문항 | 2점 | 난이도 ★★☆

유형 소개

글의 세부 내용을 얼마나 정확하게 파악하고 있는지를 측정하는 문제 유형이다. 글의 내용을 토대로 선택지의 정보 진위를 판단해야 한다. 학술적인 내용의 글감이 주로 제시된다.

유형 공략

Step 1 글의 도입부에서 무엇에 관한 내용인지를 파악한다.

Step 2 선택지를 훑어보고 대략적인 글의 내용을 예측한다.

Step 3 글의 내용과 선택지의 정보 진위를 순서대로 판단한다.

 다음 글의 내용과 일치하지 않는 것은?

The Spanish explorer Hernan Cortez became the first European to drink chocolate when he landed in Mexico in 1518. He wasn't very impressed. Chocolate became popular in the Old World only after someone came up with the idea of sweetening it with honey or sugar. Solid chocolate did not come along until 1828, when a Dutch chemist developed a way to make a powder from *chocolate liquor. Solid milk chocolate was introduced by Henri Nestle in 1866, and the first chocolate candies were brought to market by John Cadbury a couple of years later. Liquid chocolate was considered to be nourishing, even medicinal, in seventeenth-century Europe. Only later, when most cacao was consumed in sugary candy bars, did chocolate lose its healthful reputation. Chocolate continued to be thought to be delicious but bad for health until the 1990s. But recent science has revealed that chocolate—or cacao, anyway—is indeed healthy and perhaps even medicinal.

*chocolate liquor 초콜릿 원액

① 초콜릿을 마신 최초의 유럽 사람은 Hernan Cortez이다.
② 네덜란드 화학자가 초콜릿 원액에서 가루를 만들어 냈다.
③ 1866년에 Henri Nestle가 마시는 밀크 초콜릿을 소개했다.
④ 최초의 초콜릿 사탕은 John Cadbury에 의해서 시판되었다.
⑤ 17세기 유럽에서 액상의 초콜릿은 약효가 있다고 여겨졌다.

 구세계에서 초콜릿이 인기를 얻게 된 계기가 무엇인지 쓰시오.

_____

explorer 탐험가 | **impressed** 감명 받은 | **solid** 고형의 | **chemist** 화학자 | **liquid** 액상의 | **nourishing** 영양가 있는 | **medicinal** 약효가 있는 | **consume** 먹다, 마시다 | **reputation** 명성

Chapter 05

17 **Brazilian Wish Ribbons**
소원을 말해 봐!

18 **Truffles**
세상에서 가장 비싼 버섯

19 **Sherpas**
에베레스트의 숨겨진 영웅들

20 **Coding**
컴퓨터의 언어

Structures

- Bahia Bands **are said to bring** good luck to the people wearing them. 비상
- **It is** the aromas of truffles **that** make them so valuable. YBM(박), 천재(이)
- This **makes Sherpas outstanding climbers**.
- **The younger** children begin to learn it, **the better** they perform. 능률(김)

Vocabulary Preview

17 | Brazilian Wish Ribbons

□ superstitious	a. 미신을 믿는, 미신적인	□ religious	a. 종교적인
□ four-leaf clover	네잎 클로버	□ symbolize	v. 상징하다
□ likewise	adv. 마찬가지로	□ tie	v. 묶다, 묶고 있다
□ wear	v. (장신구 등을) 차고 있다	□ renewal	n. 부활
□ attach	v. 붙이다	□ represent	v. 나타내다, 상징하다
□ medallion	n. 큰 메달 모양의 보석	□ grant	v. 승인[허락]하다

18 | Truffles

□ truffle	n. 송로버섯	□ valuable	a. 값비싼, 귀중한
□ relationship	n. 관계, 관련성	□ raw	a. 날것의
□ beneath	prep. 아래[밑]에	□ flavor	n. 풍미, 맛
□ variety	n. 품종	□ grate	v. 강판에 갈다
□ weigh	v. 무게가 ~이다	□ go well with	~와 잘 어울리다
□ up to	~까지	□ culinary	a. 요리의, 음식의
□ aroma	n. 향기, 방향		

19 | Sherpas

□ assist	v. 돕다	□ adaptation	n. 적응
□ attempt	v. 시도하다	□ over the course of	~동안
□ seek	v. 찾다, 구하다	□ altitude	n. 고도
□ refer to	~을 가리키다	□ outstanding	a. 뛰어난
□ load	n. 짐[화물]	□ multiple	a. 많은, 다수의
□ undergo	v. 겪다, 받다	□ conquer	v. 정복하다
□ genetic	a. 유전의, 유전적인		

20 | Coding

□ coding	n. 부호화, 컴퓨터 코딩	□ get instruction in	~을 배우다
□ arithmetic	n. 산수	□ curriculum	n. 교육과정 (pl. curricula)
□ master	v. ~에 숙달하다	□ extracurricular	a. 정식 학과 이외의
□ educate	v. 교육하다	□ excel at	~에 탁월하다
□ rely on	~에 의존하다	□ perform	v. 행하다, 수행하다
□ insist	v. 주장하다		

17 Brazilian Wish Ribbons

Culture | 250 words | ★☆☆

People in cultures everywhere are superstitious. They especially believe in good and bad luck. In some cultures, people believe carrying a four-leaf clover can bring them good luck. Likewise, some claim that breaking a mirror can result in seven years of bad luck. In Brazil, Bahia Bands are said to bring good luck to the people wearing them.

The tradition of wearing Bahia Bands goes back more than 200 years. Originally, ①they were called *fitas* or *bonfim* ribbons. At that time, they were ribbons made of silk with writing on ②them done in silver or with ink. People wore them around their necks and attached medallions or religious images to ③them.

Today, most Brazilians wear Bahia Bands around their wrists or ankles. ④They also put them on their hats and bags and even hang them up inside their homes. In all cases, ⑤they symbolize both faith and good luck.

Both the color of the band and how it is tied are important. Each color has a special meaning. Red means strength and passion while green symbolizes life and renewal. In addition, light blue represents love and peace, and yellow stands for success and intelligence. When a Bahia Band is attached to a person, it is tied with three knots. As each knot is tied, the wearer makes a wish. Then, the person must keep the band on until it falls off on its own. This results in the granting of all three wishes. Cutting one off, however, brings bad luck.

Structures

04행 **that절이 있는 문장의 수동태**

say, believe, think, report 등의 목적어로 that절이 쓰인 문장은 두 가지 형태의 수동태가 가능하다.
that절의 주어가 수동태 문장의 주어로 쓰일 경우 that절의 동사는 to부정사로 바뀌는 것에 유의한다.

ex People say that stress is the most common cause of headaches.
→ **It is said that** stress is the most common cause of headaches.
→ Stress **is said to be** the most common cause of headaches.
스트레스는 두통의 가장 흔한 원인이라고들 말한다.

1 Bahia Bands에 관한 글의 내용과 일치하는 것은?

① They have four-leaf clovers printed on them.
② They are made of silver or gold.
③ They are given as gifts to people.
④ Their colors have special meanings.
⑤ They are tied with two knots.

수능형
2 밑줄 친 부분이 가리키는 대상이 나머지 넷과 다른 것은?

① ② ③ ④ ⑤

3 According to the passage, where do Brazilians NOT put Bahia Bands today?

① around their wrists
② around their ankles
③ on their bags
④ in their homes
⑤ in their cars

서술형
4 글의 내용과 일치하도록 다음 질문에 답하시오.

Q In the past, what did people do with Bahia Bands?
A They wore Bahia Bands around their _____ and attached
_____ or _____ to them.

서술형
5 글의 내용과 일치하도록 빈칸에 알맞은 단어를 본문에서 찾아 쓰시오.

Brazilian Bahia Bands are made for good _____, and their
_____s and how they are _____ are important.

18 Truffles

At some restaurants, you might have noticed a dish with truffles on the menu. You probably looked at the price and saw it was the most expensive item available. Do you know what truffles are and where they come from?

Truffles are very rare mushrooms that grow around thirty centimeters underground. ① They are able to grow due to their close relationships with 5 tree roots. ② Because of where they grow, they are extremely difficult to find. ③ Most truffle hunters use trained pigs or dogs to find them. ④ Pigs eat the truffles once they find them. ⑤ They can locate truffles beneath the ground due to their strong smells.

Around the world, there are many varieties of truffles. The most 10 expensive ones are those which are very rare and have certain pleasant smells. The Périgord truffle, which grows in France, and the Italian Piedmont truffle are two of the most valuable truffles. The first one can weigh up to one kilogram while the second may be about half a kilogram. The Oregon white truffle, the Chinese truffle, and the summer truffle are 15 three other types people enjoy.

It is the aromas of truffles that make them so valuable. They also have a unique taste ⓐ desire by people. Truffles are normally ⓑ serve raw since cooking changes their flavor. They are often sliced or grated on top of dishes, sauces, and soups. They also go well 20 with cheese, butter, oil, and eggs. The unique tastes and rareness of truffles make them the diamonds of the culinary world.

Structures

17행 **It is ~ that... 강조구문**
문장의 특정 부분을 강조해서 말하고자 할 때 「It is ~ that...」 강조구문을 쓴다. '~한 것은 바로 …이다'라고 해석하며, 강조하는 대상이 사람인 경우 that 대신 who를 쓸 수 있다.

ex It was Johannes Gutenberg **that [who]** invented the printing press in 1439.
1439년에 인쇄기를 발명한 사람은 요하네스 구텐베르크였다.

It was not until the rain stopped **that** we could see the ocean.
우리가 바다 경관을 볼 수 있었던 것은 비가 그치고 나서였다.

1 글의 ①~⑤ 중 전체 흐름과 관계 <u>없는</u> 문장은?

①   ②   ③   ④   ⑤

2 According to the passage, how are truffles usually NOT served?

① by serving them raw
② by slicing them for sauces
③ by grating them on top of soups
④ by cooking them in dishes
⑤ by combining them with eggs

 3 글을 읽고 답할 수 <u>없는</u> 질문은?

① Where do truffles grow?
② How are truffles found?
③ What country produces the most truffles?
④ Why are truffles so expensive?
⑤ How are truffles used?

서술형 4 글의 ⓐ와 ⓑ에 주어진 동사를 어법에 알맞은 형태로 바꾸어 쓰시오.

ⓐ _____

ⓑ _____

서술형 5 글의 내용과 일치하도록 빈칸에 알맞은 단어를 본문에서 찾아 쓰시오.

> Truffles are rare _____ with strong _____
> and unique _____ that make them very valuable.

 세계 3대 진미(珍味)

흔히 세계의 3대 진미로 푸아그라(거위 간), 캐비아(철갑상어 알), 트러플(서양 송로버섯)을 꼽는다. 푸아그라는 사료를 먹인 거위의 살찐 간으로, 전채 요리, 수프 요리 등에 쓰이며 비타민 A, E, 철이 풍부한 단백질 공급원으로 알려져 있다. 기름지고 부드러운 맛이 특징이다. 하지만 더 큰 간을 만들기 위해 거위를 사육하는 과정에서 동물 학대 가능성이 제기된다. 캐비아는 민물에서 태어나 바다에서 자라나는 철갑상어의 알이다. 트러플과 마찬가지로 생산량이 적다 보니 높은 가격을 자랑한다. 보통 샴페인과 함께 곁들여 즐긴다.

19 Sherpas

In 1953, Sir Edmund Hillary became the first man to reach the highest point in the world by climbing Mount Everest. Many people do not realize that he was not alone then. Instead, he was with Tenzing Norgay, who became the second person to climb the mountain. Norgay was a Sherpa who assisted Hillary as he climbed. 5

When people attempt climbs in the Himalaya Mountains in Tibet and Nepal, they seek the assistance of Sherpas. Sherpas were once simply a group of people who lived in Nepal. Today, however, the name refers to the people who act as porters on climbs. Sherpas assist mountain climbers in many ways. They set up camps, cook food, carry heavy loads, and act as guides on 10 the way up and down mountains.

While anyone can be a Sherpa, the best ones come from the Himalaya region. According to a scientific study, the people living in the area have undergone genetic adaptations over the course of thousands of years. Basically, their bodies have changed so that they can live well at high 15 altitudes. This makes Sherpas outstanding climbers.

Several Sherpas have managed to climb Mount Everest multiple times. Kami Rita leads the way by having climbed the mountain twenty-two times. There are several other mountains in the Himalayas more than 8,000 meters above sea level. Sherpas have conquered all of them. Sadly, not all 20 Sherpas are successful. More than 225 people have died climbing Mount Everest. One-third of them were Sherpas.

Structures

16행 동사 + 목적어 + 목적격보어(명사)

make, call, name, consider 등은 목적격보어로 명사가 올 수 있다. 「make + 목적어 + 목적격보어」는 '~을 …로 만들다'라는 의미이고, 「call/name/consider + 목적어 + 목적격보어」는 '~을 …라고 부르다/이름 짓다/여기다'라는 의미이다.

ex His name is Frederick, but his friends all **call him Fred.**
그의 이름은 Frederick이지만 그의 친구들은 모두 그를 Fred라고 부른다.

People **consider Yuna Kim one of the greatest figure skaters** in history.
사람들은 김연아를 역사상 가장 위대한 피겨 스케이터 중 한 명으로 여긴다.

1 글의 주제로 가장 적절한 것은?

① Sherpas and their roles

② the places where Sherpas live

③ Kami Rita and Tenzing Norgay

④ the dangers of climbing the Himalayas

⑤ the first Sherpa to climb Mount Everest

2 According to the passage, what is NOT true about Sherpas?

① They live in Nepal.

② They often carry heavy loads up mountains.

③ Their bodies have adapted to high altitudes.

④ All Sherpas have climbed Mount Everest multiple times.

⑤ They have climbed many mountains 8,000 meters high.

3 글의 내용과 일치하면 T, 그렇지 않으면 F를 쓰시오.

(1) Tenzing Norgay accompanied Sir Edmund Hillary to the _____

summit of the world's highest mountain.

(2) Kami Rita has climbed Mount Everest more than twenty times. _____

4 글의 내용과 일치하도록 다음 질문에 답하시오.

Q What does the name Sherpa refer to today?

A It refers to the people who _____.

5 Find the word in the passage which has the given meaning.

> *n.* a change in a plant or animal that makes it better able to live in a particular place or situation

_____

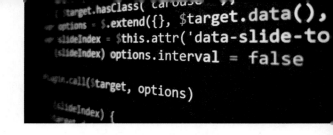

20 Coding

For centuries, most children studied three subjects: reading, writing, and arithmetic. These were known as "the 3 R's" because of the R sound in each word. Children who mastered all three were considered well educated. As society has developed, the world has changed. Modern society relies on technology, particularly computers. So parents nowadays are insisting that 5 their children learn coding at school.

Nowadays in the United States, few schools teach coding, also known as computer programming. There are some organizations that teach ⓐ this important skill to students though. _____(A)_____, more than 200 million students around the world have gotten some instruction in coding. But 10 their parents want more. _____(B)_____, more than 90% of all American parents would like coding to be added to the curricula at their children's schools.

Coding offers many advantages to children. First, it teaches them creativity. Teachers can assign students projects that require them to use 15 their imaginations. This is the key to innovation. All new ideas come from people's minds. This is especially true of creative individuals. And children who succeed at coding become more confident. That helps them do well in their other classes and extracurricular activities.

Just like foreign languages, coding is something young people excel at 20 learning. The younger children begin to learn it, the better they perform. Hopefully, more schools will offer their students coding classes. Doing so could change the future of the world.

Structures

21행 the + 비교급, the + 비교급

「the+비교급, the+비교급」은 '~하면 할수록 더 …하다'라는 의미의 비교 구문이다.

ex The older we grow, **the wiser** we become.
나이가 들수록 우리는 더 현명해진다.

The more stressed you are, **the worse** it is for your health.
네가 스트레스를 많이 받으면 받을수록 너의 건강에는 더 나쁘다.

수능형 1 Which are the best choices for the blanks?

	(A)		(B)
①	In contrast	⋯⋯	For instance
②	In contrast	⋯⋯	Nevertheless
③	Instead	⋯⋯	In other words
④	As a result	⋯⋯	For instance
⑤	As a result	⋯⋯	In other words

2 According to the passage, what is NOT an advantage of coding?

① Students become more creative.

② Students can use their imaginations.

③ Students like studying at school more.

④ Students gain confidence.

⑤ Students do well in other classes.

서술형 3 In the past, what did children need to master to be considered well educated?

→ They needed to be good at _____, _____, and _____.

서술형 4 What does the underlined ⓐthis important skill refers to?

_____

Summary   Fill in the blanks by using the words below.

confident	young	coding	creativity

In the past, children mostly studied the 3 R's: reading, writing, and arithmetic. Today, the world has changed, so many parents want their children to learn _____, or computer programming. 90% of American parents want their children's schools to teach it. Coding teaches students _____, and students who succeed at coding become more _____. _____ people also excel at learning coding.

A 다음 문장을 밑줄 친 부분에 유의하여 우리말로 해석하시오.

1 <u>Bahia Bands are said to</u> bring good luck to the people wearing them.

_____

2 <u>It is the aromas of truffles that</u> make them so valuable.

_____

3 This <u>makes Sherpas outstanding climbers</u>.

_____

4 <u>The younger</u> children begin to learn it, <u>the better</u> they perform.

_____

B 우리말과 같은 뜻이 되도록 주어진 말을 바르게 배열하시오.

1 일부 음식점에서 당신은 메뉴판에서 송로버섯이 들어 있는 요리를 보았을지도 모른다.

At some restaurants, _____ on the menu.
(a, truffles, noticed, dish, have, you, with, might)

2 몇몇 셰르파들은 여러 차례 에베레스트산 등반에 성공했다.

Several Sherpas _____.
(multiple, to, have, Mount Everest, managed, times, climb)

3 그래서 요즘 부모들은 아이들이 학교에서 코딩을 배워야 한다고 주장하고 있다.

So parents nowadays are insisting that _____.
(coding, children, school, their, learn, at)

C 우리말과 같은 뜻이 되도록 빈칸에 알맞은 말을 쓰시오.

1 송로버섯은 또한 치즈, 버터, 오일, 달걀과 잘 어울린다.

Truffles also _____ _____ _____ cheese, butter, oil, and eggs.

2 오늘날 셰르파는 등반 시 짐꾼 역할을 하는 사람들을 가리킨다.

Today, Sherpas _____ _____ the people who act as porters on climbs.

3 전 세계에서 2억 명이 넘는 학생들이 코딩을 배웠다.

More than 200 million students around the world have _____ some _____
_____ coding.

정답 및 해설 p. 32

빈칸 추론

유형 소개 | 5문항 | 3점 | 난이도 ★★★

글의 논리적 맥락을 파악하여 빈칸에 적절한 말을 추론하는 능력을 측정하는 유형이다. 글의 중심 생각과 관련된 부분을 빈칸으로 제시하고 추론하게 하는 경우가 대부분이므로 글의 주제와 요지를 정확하게 파악하는 것이 중요하다.

유형 공략

Step 1 글의 중심 생각이 무엇인지 파악한다.

Step 2 빈칸에 들어갈 글의 중심 생각과 어울리는 선택지를 고른다.

Step 3 빈칸에 선택지를 넣고 글의 중심 생각과 자연스럽게 연결되는지 확인한다.

 다음 빈칸에 들어갈 말로 가장 적절한 것은?

It is not clear what began first: if humans ate meat and then developed the ability to hunt or whether humans learned the ability to hunt before eating their prey. Either way, scientists argue that the modern human brain began its evolution once prehistoric humans began eating meat. According to many scientific journals, the human brain grew larger and became more sophisticated in its application once humans began consuming animal flesh. In fact, the human brain is mostly made up of fatty tissue; therefore, the human mind became larger once animal fat was digested. It is after humans began eating meat and developed the ability to hunt when humans established themselves in hunter-gatherer groups. And the groups became the *precursor to the hunter-gatherer societies that eventually evolved into humans developing the earliest examples of civilization. It can be argued that if it had not been for humans _____, we may never have had modern civilization.

*precursor 선임자

① consuming meat　　　　　　② using their brain

③ living on vegetables　　　　④ educating themselves

⑤ engaging in agriculture

 인간의 뇌가 주로 무엇으로 구성되어 있는지 쓰시오.

_____

prey 사냥감 | evolution 진화 | prehistoric 선사의 | sophisticated 정교한 | application 적용 | flesh 살 | fatty 지방의 | tissue 조직 | digest 소화하다 | establish oneself 자리 잡다 | hunter-gatherer 수렵채취인 | eventually 결국 | civilization 문명

Chapter 06

21 **The @ Symbol**

골뱅이라 불리는 기호

22 **Allergies**

알레르기를 유발하는 흔한 음식들

23 **The Ice Bucket Challenge**

얼음물과 함께 하는 새로운 기부 문화

24 **Limited Editions**

한정판이라는 마케팅 전략

Structures

- **Every single email address** in the world **includes** this symbol: @.
- In recent years, **the number of food allergies has risen** tremendously.
- This was the first instance of **the Ice Bucket Challenge and ALS** being connected.
- Most limited-edition items are **of** exceptional **quality** as well. 비상. 지학사

Vocabulary Preview

21 | The @ Symbol

☐ type	v. (컴퓨터로) 입력하다	☐ scribe	n. (인쇄술이 발명되기 전의) 필경사
☐ include	v. 포함하다	☐ combine	v. 결합하다
☐ officially	adv. 공식적으로	☐ argue	v. 주장하다
☐ commercial	a. 상업적인	☐ measure	n. (도량의) 단위
☐ relatively	adv. 비교적	☐ recipient	n. 받는 사람, 수령[수취]인
☐ linguist	n. 언어학자	☐ commonly	adv. 흔히, 보통

22 | Allergies

☐ itch	v. 가렵다	☐ hygiene	n. 위생
☐ have trouble -ing	~하는 데 어려움을 겪다	☐ regulate	v. 규제하다, 통제하다
☐ be allergic to	~에 알레르기가 있다	☐ immune system	면역 체계
☐ severe	a. 극심한, 심각한	☐ expose A to B	A를 B에 노출시키다
☐ shellfish	n. 조개류, 갑각류	☐ invade	v. 침입하다
☐ theory	n. 이론	☐ organism	n. 유기체

23 | The Ice Bucket Challenge

☐ bucket	n. 양동이	☐ participant	n. 참가자
☐ dump on	~에 …을 왈칵 붓다	☐ participate in	~에 참여하다
☐ start out	시작하다	☐ defeat	v. 물리치다, 이기다
☐ make a donation	기부하다	☐ viral	a. 바이러스의; 인터넷에 퍼지는
☐ charity	n. 자선 단체	☐ raise	v. (자금을) 모으다
☐ recognizable	a. (쉽게) 알 수 있는	☐ cure	n. 치료법
☐ of one's choice	~가 선택한	☐ tiny	a. 작은

24 | Limited Editions

☐ be sure to-v	반드시 ~하다	☐ imply	v. 암시하다, 시사하다
☐ at inflated prices	매우 비싼 가격에	☐ be willing to-v	기꺼이 ~하다
☐ publication	n. 출판물, 간행물	☐ exceptional	a. 특출한
☐ appeal to	~에 호소하다	☐ mind -ing	~을 꺼리다

21 The @ Symbol

Every day, millions of people everywhere send email. To do so, they must type the address of the person they are emailing. Every single email address in the world includes this symbol: @. While it is officially called the *commercial at*, most people call it the *at sign* or just *at*. Although its use in email is relatively new, @ has a long history.

According to some linguists, @ first appeared in the sixth or seventh century. A scribe made it from the Latin word *ad*, which means "at," "to," or "toward." By combining the *a* and the *d*, the scribe created @. (①) Others argue that @ was not used until the fourteenth century. (②) Giorgio Stabile, a professor, discovered some documents from that time. (③) @ was used in them to show a measure of quantity called the *amphora, a kind of jar. (④) In the 1700s, people used @ to show a price per unit. (⑤)

As for its present-day usage, that happened in 1972. That was when the first email message was sent. Ray Tomlinson ⓐ did that. Before sending it, Tomlinson had to indicate the location of the recipient of the email. He needed to use a symbol for that. He decided on @ for two reasons. First, nobody's name included it, and it also stood for the word "at." Since then, it has become one of the most commonly used symbols in the world.

*amphora 암포라 (고대 그리스나 로마 시대에 쓰던, 양 손잡이가 달리고 목인 좁은 큰 항아리)

Structures

04행 every + 단수명사

every는 '모든'이라는 뜻으로 뒤에 단수 명사가 오며, every가 주어로 쓰이면 단수 취급한다. 그러나 '~마다'라는 뜻의 간격을 나타낼 때는 복수명사와 함께 쓸 수 있다.

ex **Every time** we go there, we learn something new. 우리는 그곳에 갈 때마다 새로운 것을 배운다.
Every parent worries about their children. 모든 부모는 자식 걱정을 한다.
cf. The World Cup takes place **every** four **years**. 월드컵은 4년마다 열린다.

1　글의 주제로 가장 적절한 것은?

① the creation of email

② the life of Ray Tomlinson

③ the history of the @ symbol

④ the first time the @ symbol was used

⑤ the importance of @ in email addresses

2　글의 흐름으로 보아, 주어진 문장이 들어가기에 가장 적절한 곳은?

For instance, 10 apples @ 5 pence.

①　　　　②　　　　③　　　　④　　　　⑤

3　How has @ NOT been used?

① to mean "at," "to," or "toward"

② to show a measure of quantity

③ to show a price per unit

④ to stand for a person's name

⑤ to provide a location on an email address

4　글의 내용과 일치하도록 다음 질문에 답하시오.

Q　Why did Ray Tomlinson use @ to indicate the location of the recipient of an email?

A　He used it because _____ and it also

_____.

5　글의 밑줄 친 ⓐdid that이 의미하는 내용을 우리말로 쓰시오.

_____

22 Allergies

A boy takes a peanut butter and jelly sandwich from his lunchbox and starts eating it. A moment later, his skin turns red, and his mouth and throat begin to itch. His throat tightens, and he has trouble breathing. The boy has a food allergy. He is allergic to peanuts.

In recent years, the number of food allergies has risen tremendously. 5
Peanut allergies are among the most common and severe. Other foods people are frequently allergic to are milk, eggs, tree nuts, soy, wheat, fish, and shellfish. Nobody is sure why has the number of food allergies increased lately, but there are two major theories regarding it.

One is called the hygiene theory. In the past, the food supply was 10
not particularly clean. These days, however, the food supply is heavily regulated, so it is very clean. (A) This, in turn, causes allergic reactions in people. (B) Since the body's immune system does not have much bacteria to kill, it instead attacks certain foods people eat. (C) As a result, there are fewer harmful bacteria in the foods people eat. 15

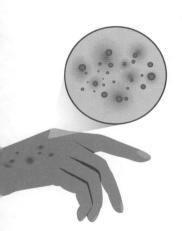

A second theory is that parents are not exposing their children to certain foods at young ages. When children do eat foods such as peanuts or soy at older ages, their bodies do not recognize them as foods. This is especially true for highly complex proteins like peanuts, milk, and shellfish. Children's immune systems see these foods as invading organisms and attack 20
them, which causes allergic reactions.

Structures

05행 **a number of vs. the number of**
「a number of+복수명사」는 '많은 ~'이라는 뜻으로 복수 취급하고, 「the number of+복수명사」는 '~의 수' 라는 뜻으로 단수 취급한다.

ex **A number of** people **were** waiting in line.
많은 사람들이 줄 서서 기다리고 있었다.

The number of smartphone users **is** expected to reach 2.1 billion.
스마트폰 사용자 수는 21억에 달할 것으로 예상된다.

1 글의 주제로 가장 적절한 것은?

① the best way to treat food allergies
② food allergies and how to prevent them
③ the reasons food allergies are increasing
④ the most dangerous types of food allergies
⑤ some ways to tell if a person has a food allergy

2 글의 (A) ~ (C)를 글의 흐름에 맞게 배열한 것으로 가장 적절한 것은?

① (A) – (B) – (C)   ② (B) – (A) – (C)   ③ (B) – (C) – (A)
④ (C) – (A) – (B)   ⑤ (C) – (B) – (A)

3 What is NOT a symptom of a food allergy?

① The skin turns red.
② The person starts to sweat.
③ The mouth begins to itch.
④ The throat becomes tightened.
⑤ The person has trouble breathing.

밑줄 친 문장에서 틀린 곳을 찾아 바르게 고치시오.

→ _____

글의 내용과 일치하도록 빈칸에 알맞은 단어를 본문에서 찾아 쓰시오.

The _____ theory and the idea that parents are not _____ their children to certain foods at young ages may explain why the number of food allergies has _____.

⭐ 알레르기는 왜 생기나요?
알레르기란 인체 면역 체계가 외부의 물질을 해로운 것으로 인식하여 잘못된 반응을 일으키는 것을 의미한다. 일반적으로 먼지, 진드기, 꽃가루, 특정 음식물, 애완동물의 털 등이 이러한 알레르기 반응을 일으킨다. 현대 사회가 점점 복잡해지면서 알레르기를 일으킬 수 있는 물질들이 많아지고 있다. 특히 인공 소재들을 이용한 주거 환경이 대부분이 되면서 관련된 알레르기 환자들도 증가하고 있다. 집 먼지 진드기, 곰팡이, 합성 섬유나 합성수지 등의 사용 증가로 자연에 익숙해져 있던 인류의 면역 체계가 염증 반응을 일으킨다는 의견들이 많다.

23 The Ice Bucket Challenge

In 2014, there was a popular trend going around social media. People were uploading videos onto YouTube, Facebook, and other similar platforms. The videos all showed the same thing: a person was getting a bucket of ice water dumped on 5 his or her head. This was the Ice Bucket Challenge.

The Ice Bucket Challenge started out simply. One person would challenge another individual to pour a bucket of ice water on his or her head. Then, the person who was challenged would make a donation to charity and challenge three other people to do the same thing. 10

At first, the participants donated money to the charity of their choice. Then, Chris Kennedy, an American golfer, participated in the challenge. He chose to donate to help defeat ALS, also known as Lou Gehrig's Disease. This was the first instance of the Ice Bucket Challenge and ALS being connected. 15

Soon, the Ice Bucket Challenge went viral. Celebrities such as Bill Gates, LeBron James, and Oprah Winfrey took part in it. Overall, more than seventeen million people uploaded videos onto Facebook. Those videos were seen by more than 440 million people over ten billion times. Even better, more than $115 million was raised to fight ALS. That money is being used 20 to help find a cure for a disease that has taken the lives of many people. This showed how the _____(A)_____ efforts of millions of people could produce an _____(B)_____ result.

Structures

14행 **동명사의 의미상의 주어**
동명사의 주어가 문장의 주어와 일치하지 않을 때는 동명사의 의미상의 주어를 명시해야 한다. 동명사의 의미상의 주어는 동명사 바로 앞에 소유격 또는 목적격을 써서 나타낸다.

ex Would you mind **my [me]** closing the window? (= Would you mind if I closed the window?)
제가 창문을 닫아도 될까요?

George doesn't like **people** telling him what to do.
George는 사람들이 그에게 이래라저래라 하는 것을 좋아하지 않는다.

1   **Which CANNOT be answered based on the passage?**

① When was the Ice Bucket Challenge started?

② How do people do the Ice Bucket Challenge?

③ Who came up with the Ice Bucket Challenge?

④ Who took part in the Ice Bucket Challenge?

⑤ How many people uploaded their challenge videos to Facebook?

수능형 2   **글의 빈칸 (A), (B)에 들어갈 말로 가장 적절한 것은?**

	(A)		(B)		(A)		(B)
①	tiny	·····	enormous	②	tiny	·····	immediate
③	joint	·····	interesting	④	desperate	·····	enormous
⑤	desperate	·····	interesting				

3   **글의 내용과 일치하면 T, 그렇지 않으면 F를 쓰시오.**

(1) Chris Kennedy was the first person to connect the Ice
Bucket Challenge and ALS.   _____

(2) The Ice Bucket Challenge helped raise millions of dollars
for cancer research.   _____

서술형 4   **글의 내용과 일치하도록 다음 질문에 답하시오.**

Q Who did participants in the Ice Bucket Challenge donate money to at
first?

A At first, the participants _____ .

서술형 5   **Find the word in the passage which has the given meaning.**

> *a.* spreading very quickly to many people especially through the
> Internet

_____

24 Limited Editions

The next time you go shopping, be sure to look at the signs hanging up in stores. Or read the advertisements in newspapers or magazines closely. In both cases, you are sure to see the words "limited edition" or "special edition."

Selling limited editions ⓐ be a marketing strategy that has been around for a long time. The first limited-edition items were books. Publishers sold high-quality books to customers at inflated prices. When people in other industries noticed the success of those limited-edition publications, they began thinking of ways to use them for the products they sold.

Limited-edition products appeal to people for several reasons. One is that ① they are, as ② their name implies, limited in number. The people who purchase ③ them therefore know that ④ they own one of a small number of these items. For instance, some carmakers produce limited-edition models of sports cars or luxury cars. They know they can raise the prices because people will be willing to pay for them. Collectors of items such as comic books and toys also love limited editions. They purchase them knowing that the prices will increase in the future since the items are rare.

Most limited-edition items are of exceptional quality as well. This is another reason ⑤ they appeal to buyers. Shoppers know that the limited-edition watch, jewelry, or clothing they purchase will be better than normal. They do not mind ⓑ pay a higher price since they will be receiving an item of outstanding quality.

Structures

18행 **of + 추상명사**

전치사 of는 추상명사와 결합하여 형용사의 역할을 하며 주로 be동사의 보어로 쓰인다. an item of outstanding quality와 같이 명사 뒤에서 명사를 수식하는 형태로도 쓰인다.

ex The information was **of no use** to me. (= useless) 그 정보는 나에게 쓸모가 없었다.
Finishing the project on time is **of great importance**. (= very important)
과제를 제때 마치는 것은 매우 중요하다.

수능형 1 Choose the one that indicates something different.

①　　　　　②　　　　　③　　　　　④　　　　　⑤

2 What can be inferred about limited-edition models of sports cars?

① They are easy for people to drive.

② They are sold by carmakers every year.

③ They cost more than regular sports cars.

④ They can go faster than most sports cars.

⑤ They take longer to make than most cars.

서술형 3 Why do collectors of comic books and toys love limited editions?

➡ They know that _____ since the items are rare.

서술형 4 Write the grammatically correct forms of ⓐ and ⓑ.

ⓐ _____

ⓑ _____

Summary　　Fill in the blanks by using the words below.

number	books	exceptional	appeal

The first limited-edition items were _____. People in other industries noticed their success, so they began making limited editions of their own products. They _____ to people for several reasons. They are limited in _____, so people are willing to pay higher prices for them. Their prices increase in the future because they are rare. They are also usually of _____ quality.

Focus on Sentences

A 다음 문장을 밑줄 친 부분에 유의하여 우리말로 해석하시오.

1 <u>Every single email address</u> in the world <u>includes</u> this symbol: @.

_____

2 In recent years, <u>the number of food allergies has risen</u> tremendously.

_____

3 This was the first instance of <u>the Ice Bucket Challenge and ALS being connected</u>.

_____

4 Most limited-edition items are <u>of exceptional quality</u> as well.

_____

B 우리말과 같은 뜻이 되도록 주어진 말을 바르게 배열하시오.

1 그때 이후로 @은 세계에서 가장 흔히 사용되는 기호들 중 하나가 되었다.

Since then, @ has become _____.

(symbols, most, one, in the world, of, the, commonly, used)

2 그 돈은 많은 사람들의 목숨을 앗아간 병의 치료법을 찾는 것을 돕기 위해 사용되고 있다.

That money _____ that has taken the lives of

(used, find, a cure, is, for, to help, a disease, being)

many people.

3 사람들이 그 차 가격을 기꺼이 지불할 것이기 때문에 그들은 가격을 올릴 수 있다는 것을 알고 있다.

They know they can raise the prices because _____.

(be, for, will, pay, people, them, to, willing)

C 우리말과 같은 뜻이 되도록 빈칸에 알맞은 말을 쓰시오.

1 부모가 자녀를 어렸을 때 특정 식품에 노출시키지 않는다.

Parents are not _____ their children _____ certain foods at young ages.

2 아이스 버킷 챌린지는 단순하게 시작했다.

The Ice Bucket Challenge _____ _____ simply.

3 처음에 참가자들은 자신들이 선택한 자선 단체에 돈을 기부했다.

At first, the participants donated money to the charity _____ _____

_____.

문장 삽입

2문항 | 2점 | 난이도 ★★☆

유형 소개

주어진 문장이 들어갈 자리를 찾는 유형으로, 글의 흐름을 정확히 파악하고 있는지를 측정하는 문제이다. 무엇보다 글의 논리적인 흐름을 이해하는 것이 중요하다. 주로, 지시어, 대명사, 연결어를 통해 주어진 문장이 들어갈 자리에 대한 힌트를 얻을 수 있다.

유형 공략

Step 1 주어진 문장의 의미를 파악하고 글의 내용을 추론한다.

Step 2 주어진 문장에서 지시어, 대명사, 연결어 등의 단서에 주목한다.

Step 3 주어진 문장을 넣고 글의 흐름이 자연스러운지 확인한다.

 글의 흐름으로 보아, 주어진 문장이 들어가기에 가장 적절한 곳은?

> Unlike moths, we humans can shift attention away from the ongoing flow of our sensory experience.

We humans can carefully consider our current situations together with both the past and the future before choosing a course of action. This awareness of our own existence gives us a high degree of behavioral flexibility that helps us stay alive. (①) Simpler lifeforms respond immediately and invariably to their surroundings. (②) Moths, for example, invariably fly toward light. (③) Although the moth's behavior is generally useful for navigation and avoiding predators, it can be deadly when the source of illumination is a candle or campfire. (④) We don't invariably fly toward light; we can choose to act in a number of different ways, depending not only on our instincts but also on our capacity to learn and think. (⑤) We can ponder alternative responses to situations and their potential consequences and imagine new possibilities.

 변함없이 빛을 향해 날아가는 나방의 행동이 유용한 측면 두 가지를 쓰시오.

_____

Words & Phrases

ongoing 계속적인 | flow 흐름 | sensory 감각의 | behavioral 행동의 | flexibility 유연성 | immediately 즉각적으로 | invariably 변함없이 | navigation 항해 | predator 포식자 | illumination 조명 | campfire 모닥불 | instinct 본능 | capacity 능력 | ponder 숙고하다 | alternative 새로운 | response 반응 | potential 잠재적인 | consequence 결과

Chapter 07

25 **Solar Ovens**
태양열을 이용한 피자 만들기

26 **John Williams**
영화 음악의 대부

27 **Pineapple and Bromelain**
맛도 있고 건강에도 좋은 파인애플

28 **How the Colors of Medieval Manuscripts Were Made**
연금술은 어떻게 중세의 예술 작품에 기여했을까?

Structures

- Then, fold the flap out **so that** it is standing up. YBM(한), 천재(이)
- He often draws inspiration from other classical composers, and in **doing so**, Williams creates music that makes films more dramatic. YBM(박), 동아
- It is helpful to people who **have trouble going** to the bathroom.
- Many books **not only** featured written words **but also** contained artwork. 천재(김), 천재(이)

Vocabulary **Preview**

25 | Solar Ovens

☐ solar panel	태양 전지판	☐ overhead	adv. 머리 위
☐ flap	n. 덮개	☐ adjust	v. 조정하다
☐ lid	n. 뚜껑	☐ reflect	v. 반사하다
☐ construction paper	마분지, 판지	☐ enable to-v	~하는 것을 가능하게 하다
☐ roll up	둘둘 말다	☐ feel like -ing	~하고 싶다

26 | John Williams

☐ composer	n. 작곡가	☐ primarily	adv. 주요, 주로
☐ widely	adv. 널리	☐ rousing	a. 활기찬
☐ last	v. 지속되다	☐ inspiring	a. 신나는, 영감을 불러 일으키는
☐ decade	n. 10년	☐ draw inspiration from	~에서 영감을 얻다
☐ conductor	n. 지휘자	☐ dramatic	a. 극적인

27 | Pineapple and Bromelain

☐ tropical	a. 열대의	☐ swelling	n. 부기
☐ tangy	a. (맛이) 톡 쏘는	☐ wound	n. 상처
☐ in great amounts	대량으로	☐ ache	n. 아픔
☐ digest	v. 소화하다	☐ arthritis	n. 관절염
☐ anti-inflammatory	a. 소염의, 항염증의	☐ relieve	v. 완화하다
☐ property	n. 속성, 특성	☐ supplement	n. 보충제

28 | How the Colors of Medieval Manuscripts Were Made

☐ manuscript	n. 필사본	☐ sulfur	n. 황
☐ feature	v. ~을 포함하여 특징을 이루다	☐ mosaic gold	채색금, 황화주석
☐ alchemy	n. 연금술	☐ vermillion	a. 주홍색의
☐ philosopher	n. 철학자, 현자	☐ mercury	n. 수은
☐ transform A into B	A를 B로 바꾸다	☐ verdigris	n. 녹청 (산화된 구리의 초록색)
☐ lead	n. 납	☐ copper	n. 구리
☐ make a contribution to	~에 기여하다	☐ fume	n. 증기
☐ varied	a. 다채로운	☐ urine	n. 오줌
☐ tin	n. 주석	☐ parchment	n. 양피지

25

Solar Ovens

You probably know about solar panels. We can create electricity with them. But do you know there are also solar ovens? They use the power of the sun to create energy and to cook food. You can even make one by yourself at your home. This is how you ⓐ do it.

First, get a pizza box and cut a flap near the edge on three sides of the 5 lid. Then, fold the flap out so that it is standing up. Next, get some aluminum foil and tape it to the inside of the flap. After that, use plastic wrap to make a window in the hole you made in the lid when you created the flap. Put some black construction paper in the bottom of the box. Finally, roll up some newspapers and place them in a square along the bottom of the box. That is 10 all you need to make your solar oven.

Wait until the sun is high overhead and then take your oven outside to a sunny spot. Adjust the flap _____ the aluminum foil reflects sunlight into the plastic-covered window. The sun's light generates heat. It does not leave the oven, _____ that enables it to cook food. 15

What do you feel like eating? How about making some toast or cooking a hotdog in your solar oven? Whatever you make, enjoy your meal.

Structures

06행 **목적을 나타내는 접속사 so that**

so that은 '~할 수 있도록'이라는 뜻의 목적을 나타내는 접속사로, 뒤에 주어와 동사를 갖춘 절이 온다. 이때 that은 생략할 수 있다.

ex He always carries an umbrella **so (that)** he does not get wet.
그는 비에 젖지 않기 위해서 항상 우산을 가지고 다닌다.

We are going to start early **so (that)** we do not get stuck in traffic.
우리는 교통 체증에 걸리지 않도록 일찍 출발할 것이다.

1 글의 제목으로 가장 적절한 것은?

① The Solar Oven Cookbook 　　② How to Make a Solar Oven
③ Solar Ovens: Energy Savers 　④ Let's Cook with a Solar Oven
⑤ Solar Ovens vs. Electric Ovens

2 According to the passage, which is NOT a step needed to make a solar oven?

① cutting a flap on the lid
② taping aluminum foil to the inside of the flap
③ putting black construction paper in the box
④ using plastic wrap to make a hole in the lid
⑤ placing rolled-up newspapers in the box

3 글의 빈칸에 공통으로 들어갈 말로 알맞은 것은?

① so　　　　② but　　　　③ such　　　　④ since　　　　⑤ until

4 글의 밑줄 친 ⓐ<u>do it</u>이 의미하는 내용을 우리말로 쓰시오.

_____

5 글의 내용과 일치하도록 빈칸에 알맞은 단어를 본문에서 찾아 쓰시오.

> You can make a(n) _____ with a pizza box and some other materials, and then you can use it to _____ food when the sun is high _____.

 신·재생 에너지 (New and Renewable Energy)

화석 연료의 고갈, 기후 변화 등 여러 가지 에너지 문제의 대안으로 떠오르는 신·재생 에너지 중 하나로 태양 에너지가 각광받고 있다. 크게 태양열과 태양광 발전으로 태양 에너지를 얻을 수 있는데 태양열 발전은 열을 통해서, 태양광 발전은 빛에서 에너지를 얻는다. 태양열 발전은 태양의 열로 물을 끓여 증기를 발생시킨 후 전기 에너지를 얻고, 태양광 발전은 태양 전지를 이용하여 전기 에너지로 변환시킨다. 그러나 태양열의 경우 전기 에너지로 변환하는 과정에서 열 손실이 많이 발생하여 효율성이 떨어진다.

26 John Williams

Who is your favorite composer of classical music? For many people, it is Wolfgang Amadeus Mozart or Ludwig van Beethoven. For others, it is Johann Sebastian Bach or George Frideric Handel. And for some others, it is John Towner Williams. John Towner Williams? Who is he?

Have you seen any of the first three *Harry Potter* movies or any of the *Star Wars* films? Have you watched *Jurassic Park, Jaws, E.T. the Extra-Terrestrial*, or *Raiders of the Lost Ark*? If you have seen any of those films, then you have listened to music composed by John Williams. He is widely considered the greatest composer of film music, also called soundtracks, in history.

Williams has had a musical career lasting more than six decades. He has composed various works of classical music for both orchestras and solo instruments. He was a conductor for the Boston Pops, a popular orchestra in the United States, for more than a decade as well. But he has become famous primarily due to his soundtracks.

Williams ⓐ start working with Steven Spielberg in 1974, and since then, he ⓑ compose the music for nearly all of Spielberg's films. Then, in 1977, *Star Wars* came out. The rousing, inspiring music is considered the greatest soundtrack in American movie history. He often draws inspiration from other classical composers, and in doing so, Williams creates music that makes films more dramatic and entertaining.

Structures

20행 do so

대동사 do/does so는 앞에서 언급한 동사(구)의 반복을 피하기 위해서 쓰이며, 시제에 따라 did/doing so 라고도 쓸 수 있다.

ex Brad works out regularly, and he keeps fit by **doing so**. (= working out regularly)
Brad는 규칙적으로 운동하는데, 그렇게 함으로써 그는 건강을 유지한다.

The government promised to reduce taxes, but it has not yet **done so**. (= reduced taxes)
정부는 세금을 인하하겠다고 약속했지만 아직 그렇게 하지 않았다.

1 **What is the best title for the passage?**

① The Life of John Williams ② The Music from *Star Wars*

③ The Most Popular Film Music ④ Soundtracks: What Are They?

⑤ A Man Who Writes Film Music

2 **John Williams에 관한 글의 내용과 일치하지 않는 것은?**

① He wrote the music for *Jaws* and *Jurassic Park*.

② He was inspired by the music of Mozart and Bach.

③ He was the conductor of an orchestra in the United States.

④ He started working with Steven Spielberg in 1974.

⑤ He has written the music for most of Steven Spielberg's films.

3 **글의 내용과 일치하면 T, 그렇지 않으면 F를 쓰시오.**

(1) John Williams composed the music for *E.T. the Extra-Terrestrial* and *Raiders of the Lost Ark*. _____

(2) John Williams played a musical instrument in the Boston Pops. _____

4 **글의 ⓐ와 ⓑ에 주어진 동사를 어법에 알맞은 형태로 바꾸어 쓰시오.**

ⓐ _____

ⓑ _____

5 **글의 내용과 일치하도록 빈칸에 알맞은 단어를 본문에서 찾아 쓰시오.**

John Williams is considered the greatest _____ of film music, which makes films more _____ and _____.

27 Pineapple and Bromelain

The pineapple is a tropical fruit with a sweet, tangy taste. Many people enjoy eating pineapples or drinking pineapple juice because they enjoy how it tastes. But pineapple also _____, mostly due to the 5 bromelain found in pineapple in great amounts.

Bromelain is an enzyme which can break down certain proteins and help the body digest food. But it also has several other benefits for people who consume ①it. For example, bromelain has anti-inflammatory properties. That means it can reduce swelling in the body and make wounds 10 heal more quickly. People who have had operations sometimes take it because ②it makes their pain go away and lets them recover more quickly.

③It is also useful to people who work out a lot and become sore after exercising. Bromelain can reduce the amount of aches and pains these people suffer from. And because it can break down protein, it is helpful to 15 people who have trouble going to the bathroom. Some claim that bromelain is good for treating arthritis and for relieving the symptoms of allergies, but more tests need to be done to confirm that.

If it sounds like bromelain is something you should be taking, you have a choice. You can purchase ④it as a supplement, or you can eat some 20 pineapple. ⑤It is the only natural food source in the world that contains it.

Structures

16행 동명사의 관용적 표현

have trouble -ing는 '~하는 데 어려움을 겪다'라는 뜻이다. 이 밖에도 자주 쓰이는 동명사 구문은 다음과 같다.

ex My father **has difficulty reading** without his glasses.
아버지는 안경 없이 글을 읽는 데 어려움이 있으시다.

We **couldn't help laughing** when we saw it.
우리는 그것을 보았을 때 웃지 않을 수 없었다.

I **feel like having** a cool glass of lemonade.
나는 시원한 레모네이드 한 잔 마시고 싶다.

1 글의 빈칸에 들어갈 말로 가장 적절한 것은?

① makes a good snack
② helps improve heart health
③ has a number of health benefits
④ produces unpleasant side effects
⑤ contains high amounts of vitamin C

2 Choose the one that indicates something different.

①   ②   ③   ④   ⑤

3 다음 중 bromelain의 효능이 <u>아닌</u> 것은?

① 단백질을 분해한다.
② 소화를 촉진한다.
③ 피로 회복에 도움이 된다.
④ 상처가 더 빨리 치유되게 한다.
⑤ 근육통을 완화시킨다.

4 글의 내용과 일치하도록 다음 질문에 답하시오.

Q How can a person take bromelain?
A A person can purchase it as a(n) _____ or eat some _____.

5 글의 내용과 일치하도록 빈칸에 알맞은 단어를 본문에서 찾아 쓰시오.

> Bromelain is an enzyme in pineapple that has many _____, including helping the body _____ food and reducing _____ in the body.

28 How the Colors of Medieval Manuscripts Were Made

History | 249 words | ★★★

Before the printing press was invented in the mid-1400s, books were made by hand in Europe. During the Middle Ages, many books not only featured written words but also contained artwork. Even today, the colors used to paint these illuminated manuscripts are bright and have not faded despite being created several centuries ago. There is a reason for this: alchemy.

When most people hear the word alchemy, images of the philosopher's stone and mad scientists come to mind. It is true that the primary interest of most alchemists was to transform lead into gold . However, during their studies, alchemists made many contributions to the sciences.

_____(A)_____, they created the bright colors used to make illuminated manuscripts. Without alchemists, there would be no bright and varied colors in the images on their pages.

Alchemists experimented with how materials interacted with one another and how they could be transformed. For instance, they learned that combining tin and sulfur could create a bright yellow paint called mosaic gold. _____(B)_____, the color vermillion, which was brilliant red, was created with a mixture of sulfur and mercury. And verdigris was a green paint. Alchemists developed it by exposing copper to the fumes of vinegar, wine, or urine.

While alchemists never did turn lead into gold, they helped medieval scribes turn simple parchment into beautiful works of art. Thanks to the high quality of their paints, illuminated manuscripts continue to maintain their beauty, and in some ways, that makes them more valuable than gold.

Structures

02행 상관접속사

상관접속사에는 not only A but also B(A뿐만 아니라 B도), both A and B(A와 B 둘 다),
either A or B(A 또는 B), neither A nor B(A와 B 둘 다 아닌) 등이 있다.

ex He is **both** an actor **and** a filmmaker. 그는 배우이자 영화 제작자이다.

Neither Jane **nor** Fred likes washing the dishes. Jane도 Fred도 설거지하는 것을 좋아하지 않는다.

1 Which is the best choice for (A) and (B)?

	(A)		(B)
①	In contrast	······	Likewise
②	In contrast	······	However
③	In contrast	······	Instead
④	For example	······	Likewise
⑤	For example	······	Instead

2 What can be inferred about alchemists?

① They usually became rich.

② They were all mad scientists.

③ They frequently studied gold.

④ They invented the printing press.

⑤ They owned many illuminated manuscripts.

3 What do most people think when they hear the word alchemy?

→ They think of the _____ and _____.

4 Find the word in the passage which has the given meaning.

> *n.* an old document or book written by hand in the times before printing was invented

_____

Summary Fill in the blanks by using the words below.

interacted	transform	contributions	faded

The colors in illuminated manuscripts are bright and have not _____ over time. The reason for this is alchemy. Alchemists tried to _____ lead into gold. But they also made many _____ to the sciences. They experimented with how materials _____ with one another and how they could be transformed. They made paints such as mosaic gold, vermillion, and verdigris.

A 다음 문장을 밑줄 친 부분에 유의하여 우리말로 해석하시오.

1 Then, fold the flap out <u>so that</u> it is standing up.

_____

2 He often draws inspiration from other classical composers, and in <u>doing so</u>, Williams creates music that makes films more dramatic.

_____

3 It is helpful to people who <u>have trouble going</u> to the bathroom.

_____

4 During the Middle Ages, many books <u>not only</u> featured written words <u>but also</u> contained artwork.

_____

B 우리말과 같은 뜻이 되도록 주어진 말을 바르게 배열하시오.

1 알루미늄 포일이 비닐 랩으로 덮인 창 안으로 햇빛을 반사하도록 덮개를 조정해라.

Adjust the flap _____.
　　　　　　　(reflects, the, window, aluminum foil, plastic-covered, so, sunlight, the, into)

2 브로멜라인은 그들의 통증을 사라지게 하고 그들이 더 빨리 회복되게 한다.

Bromelain makes their pain go away and _____.
　　　　　　　　　　　　　　　　　(more, lets, quickly, recover, them)

3 그는 영화 음악 역사상 가장 위대한 작곡가로 널리 간주된다.

He _____ in history.
　　(composer, the, widely, music, considered, of, is, film, greatest)

C 우리말과 같은 뜻이 되도록 빈칸에 알맞은 말을 쓰시오.

1 열은 오븐에 남아 있으므로 그것은 음식을 요리하는 것을 가능하게 한다.

It does not leave the oven, so that _____ it _____ _____ food.

2 대다수 연금술사의 주요 관심사가 납을 금으로 바꾸는 것이었다.

The primary interest of most alchemists was to _____ lead _____ gold.

3 연금술사들은 연구를 하는 동안 과학에 많은 기여를 했다.

During their studies, alchemists _____ many _____ _____ the sciences.

글의 순서

2문항 | 2점 | 난이도 ★★☆

유형 소개

주어진 글 다음에 이어지는 세 개의 글의 순서를 맞추는 문제로, 글의 논리적인 흐름을 파악하고 있는지를 측정하는 유형이다. 대명사나 연결어 등에 유의하며, 글의 유기적인 흐름이나 논리적 관계를 통해 순서를 파악한다.

유형 공략

Step 1 글의 소재와 주제를 파악한다.

Step 2 글의 연결 고리 역할을 하는 대명사, 연결어, 지시어 등의 단서를 찾는다.

Step 3 글의 흐름과 단서들을 종합하여 유기적인 글의 순서를 정한다.

 주어진 글 다음에 이어질 글의 순서로 가장 적절한 것은?

Any two objects that have mass will have a gravitational force of attraction between them. Consider the sun, Earth, and moon as examples. The force of gravity between Earth and the moon is strong enough to keep the moon orbiting Earth even though they are very far apart.

(A) So even though Earth and the sun are very far apart from each other, the fact that they are both massive results in a gravitational force that is strong enough to keep Earth in orbit.

(B) Similarly, the force of gravity between the sun and Earth is strong enough to keep Earth in orbit around the sun despite Earth and the sun being millions of miles apart.

(C) The force of gravity between two objects depends on the amount of mass of each object and how far apart they are. Objects that are more massive produce a greater gravitational force. The force of gravity between two objects also weakens as the distance between the two objects increases.

① (A) – (C) – (B) 　② (B) – (A) – (C) 　③ (B) – (C) – (A)

④ (C) – (A) – (B) 　⑤ (C) – (B) – (A)

 두 물체 사이의 중력의 크기를 결정하는 요소 두 가지를 쓰시오.

_____

object 물체 | **mass** 질량 | **gravitational force** 중력 | **attraction** 잡아당김 | **gravity** 중력 | **orbit** 궤도를 그리며 돌다 | **apart** 떨어져서 | **massive** 거대한 | **similarly** 마찬가지로

Chapter 08

29 The Martian Bacteria Meteor

화성에서 온 운석 안에서 발견된 신비한 박테리아

30 Bayanihan

필리핀 사람들의 특별한 이사 방법

31 Julia Child

Bon Appetit! 인기 쿡방의 원조 줄리아 차일드

32 Fake News

가짜 뉴스는 어떻게 만들어질까?

<u>Structures</u>

- **Not** until more similar meteors are found **will we** know for sure. 동아, 교학사
- In **the Philippines**, people do not just move their families and possessions.
- While her show was not the first, it was **easily** the most popular.
- **During** the months leading up to the election, there were numerous false stories published in the media.

Vocabulary Preview

29 | The Martian Bacteria Meteor

☐ meteor	n. 운석	☐ stun	v. 큰 감동을 주다
☐ form	v. 형성되다, 형성시키다	☐ fossilized	a. 화석화된
☐ collision	n. 충돌	☐ instantly	adv. 즉시, 즉각
☐ asteroid	n. 소행성	☐ geological	a. 지질학의
☐ chunk	n. 덩어리	☐ proof	n. 증거, 증명
☐ outer space	우주 공간	☐ controversy	n. 논란

30 | Bayanihan

☐ community	n. 지역 사회, 주민	☐ reveal	v. 드러내 보이다
☐ term	n. 용어	☐ rural	a. 시골의, 지방의
☐ unity	n. 화합	☐ pole	n. 막대기, 기둥
☐ cooperation	n. 협력, 협동	☐ head to	~으로 향하다
☐ involve	v. 참여시키다	☐ complete	a. 완료된
☐ achieve	v. 달성하다, 성취하다	☐ in return	보답으로, 답례로

31 | Julia Child

☐ adulthood	n. 성인, 성년	☐ become regarded as	~으로 간주되다
☐ appreciate	v. 진가를 알아보다	☐ detailed	a. 상세한
☐ cuisine	n. 요리법	☐ appeal	n. 매력
☐ manuscript	n. 원고	☐ on the air	방송되는
☐ publisher	n. 출판사	☐ inspire	v. 영감을 주다
☐ household name	누구나 아는 이름	☐ broad	a. (폭이) 넓은

32 | Fake News

☐ fake	a. 가짜의	☐ accuse A of B	B에 대해 A를 비난하다
☐ candidate	n. (선거의) 입후보자	☐ feud	n. 불화, 반목
☐ misleading	a. 호도하는	☐ hand out	나누어 주다, 배포하다
☐ factual	a. 사실에 기반을 둔	☐ become aware of	~을 알게 되다
☐ mainstream	a. 주류[대세]의	☐ skeptical	a. 회의적인
☐ dominance	n. 우세, 우월; 확산		

29 The Martian Bacteria Meteor

Are we alone? Is there life in places other than the Earth? Those are two questions that humans have asked for thousands of years. When a small meteor fell to the Earth in 1984, nobody realized at the time that it might actually have the answers to those questions.

Billions of years ago, when the planets were still forming, there were numerous collisions in space. Asteroids and meteors often hit planets. Sometimes they caused chunks of the planets to fly off into outer space. 4.1 billion years ago, something caused a piece of Mars to head into space. In 1984, it landed on the Earth and was named meteor ALH84001.

Most meteors burn up when they enter the Earth's atmosphere. (①) Scientists were therefore excited when meteor ALH84001 was found. (②) They looked closely at it with a microscope and were stunned. (③) It appeared to contain fossilized bacteria. (④) Meteor ALH84001 instantly became the most famous meteor in the world. (⑤)

Scientists have done further studies over the years, but 그들은 여전히 그들이 보고 있는 것이 무엇인지 확실히 모른다. Some claim they are just looking at minerals. Others believe it is just a strange geological formation. But many think it is proof that life exists—or existed—in other places. Not until more similar meteors are found will we know for sure. As a result, meteor ALH84001 will be both a mystery and source of controversy until that day happens.

Structures

18행 부정어 도치구문
not, never, little, seldom 등의 부사가 부정어를 강조하기 위해 문두에 쓰이면 주어와 동사는 도치된다.
일반동사의 경우 do/does/did가 주어 앞에 쓰인다.

ex **Little did I** know that one day Thomas would become a famous actor.
Thomas가 언젠가 유명한 배우가 될 줄은 나는 전혀 알지 못했다.

Never have I seen so many people out on the streets.
나는 그렇게 많은 사람들이 길거리에 나온 것을 지금까지 본 적이 없었다.

1 글의 흐름으로 보아, 주어진 문장이 들어가기에 가장 적절한 곳은?

> Some, however, survive and hit the ground.

①   ②   ③   ④   ⑤

2 **What can be inferred about meteor ALH84001?**

① It is only a few million years old.
② It is on display at a museum today.
③ It surprised scientists by not burning up.
④ It collided with another meteor near the Earth.
⑤ It has been confirmed as having bacteria on it.

3 글의 내용과 일치하면 T, 그렇지 않으면 F를 쓰시오.

(1) Asteroids often hit planets billions of years ago. _____

(2) All of the meteors burn up upon entry into the Earth's atmosphere. _____

4 밑줄 친 우리말과 같은 뜻이 되도록 주어진 단어를 바르게 배열하시오.

(unsure, what, at, are, they, still, looking, are, they)

➡ _____

5 글의 내용과 일치하도록 빈칸에 알맞은 단어를 본문에서 찾아 쓰시오.

> In _____, meteor ALH84001 landed on the Earth, and _____ believe that it contains some _____ bacteria.

 운석이란?

운석은 우주에 떠다니는 유성체가 완전히 소멸되지 못하고 땅에 떨어진 광물을 통틀어 말한다. 운석은 바다로 혹은 땅으로 떨어지기도 한다. 지금까지 약 3만 개의 운석이 발견되었다. 가장 큰 운석은 1920년에 발견된 아프리카의 나미비아에 있는 호바 운석으로 무게가 거의 60톤이나 나간다고 한다. 지금까지 한반도에 떨어진 운석은 8개로 알려져 있다. 이러한 운석들은 태양계 초기 연구에 매우 중요한 자료가 되고 있다.

30 Bayanihan

When most people say they are moving, they mean they are going to a new place to live. They will leave their house and take their families and possessions with them. In the Philippines, people do not just move their families and possessions. Instead, they often take their houses with them. 5

The main language of the Philippines is Tagalog. The Tagalog word *bayan* means "nation," "town," or "community." There is a term called Bayanihan. It comes from the word *bayan*. It means "being in a *bayan*." To Filipinos, Bayanihan means a spirit of unity and cooperation ⓐ involve many 10 people to achieve a goal.

Today, the spirit of Bayanihan is ⓑ reveal when Filipinos move. In rural areas, homes are traditionally made of bamboo and the leaves of trees. When a family wants to move, volunteers assemble at the house. (A) Then, around fifteen to twenty people lift the house with the poles and head to 15 the family's new land. (B) When the move is complete, the owners of the house prepare a meal for the helpers. (C) They tie bamboo poles beneath the house.

While many Filipinos live in modern homes that cannot be moved, they show the spirit of Bayanihan in other ways. When there are natural 20 disasters such as earthquakes or typhoons, Filipinos help their fellow countrymen without expecting anything in return.

BAYANIHAN

Structures

04행 **the + 나라 이름**
이름에 kingdom, states, republic이 포함되거나 복수형인 나라 이름 앞에는 정관사 the를 붙인다.
ex **The Netherlands** is well known for tulips. 네덜란드는 튤립으로 잘 알려져 있다.
The capital of **the United States** is Washington, D.C. 미국의 수도는 워싱턴 D.C.이다.
The United Kingdom is made up of England, Scotland, Wales, and Northern Ireland.
영국은 잉글랜드, 스코틀랜드, 웨일스와 북아일랜드로 이루어져 있다.

1   글의 주제로 가장 적절한 것은?

① the types of homes most Filipinos live in

② traditional and modern lives in the Philippines

③ some common words in the Tagalog language

④ the easiest way to move a home in the Philippines

⑤ a spirit of unity and cooperation many Filipinos have

2   글의 (A) ~ (C)를 글의 흐름에 맞게 배열한 것으로 가장 적절한 것은?

① (A) – (B) – (C)   ② (B) – (A) – (C)   ③ (B) – (C) – (A)

④ (C) – (A) – (B)   ⑤ (C) – (B) – (A)

3   **What is NOT true about Bayanihan?**

① It comes from the word *bayan*.

② It involves unity and cooperation between people.

③ It is used by many Filipinos to achieve their goals.

④ It is a type of bamboo home many Filipinos live in.

⑤ It makes Filipinos help one another after disasters.

4   글의 내용과 일치하도록 다음 질문에 답하시오.

Q What are many homes made of in rural areas in the Philippines?

A They are traditionally made of _____ and _____.

5   글의 ⓐ와 ⓑ에 주어진 동사를 어법에 알맞은 형태로 바꾸어 쓰시오.

ⓐ _____

ⓑ _____

31 Julia Child

Julia Child was born in 1912 and never had an interest in cooking during her childhood and early adulthood. Decades later, she ①married with Paul Child in 1946, and the couple moved to Paris, France, two years later. Mr. Child came from a family that appreciated good food, and he introduced fine cuisine to Julia. 5

②Living in France, Julia attended Le Cordon Bleu, a cooking school, and she studied with Max Bugnard and some other excellent chefs. Her interest in cooking grew, and she met a couple of people who wanted to write a cookbook on French food. While the manuscript was rejected by one major publisher, the book was finally published in 1961. The title was 10 *Mastering the Art of French Cooking*, and it helped make Julia Child a household name.

The book became regarded as a classic. It contained detailed illustrations and instructions, ③which increased its appeal. It made the bestseller lists and still remains in publication today. Two years later, in 15 1963, Julia debuted her own cooking show on television, called *The French Chef.* The program was ④a success and remained on the air for a decade.

Over the years, Julia wrote around twenty cookbooks. She also helped ⑤inspire the numerous cooking shows that can be seen on television these days. While her show was not the first, it was easily the most popular. 20 Without Julia Child, it is likely that cooking shows would not have the broad appeal that they do today.

Julia Child
FOREVER·USA

Structures

20행 **최상급 강조 어구**
easily는 '분명히, 단연코'라는 뜻으로 최상급의 의미를 강조하는 어구이다. 이외에도 최상급을 강조하는 어구에는 by far, much, the very 등이 있다.
ex For me, Paris is **easily** the most beautiful city in Europe.
나에게는 파리가 유럽에서 단연코 가장 아름다운 도시이다.
Football is **by far** the most popular sport in Brazil.
축구가 브라질에서 가장 인기 있는 스포츠임은 의심할 여지가 없다.

1 글의 밑줄 친 부분 중, 어법상 **틀린** 것은?

①   ②   ③   ④   ⑤

2   *Mastering the Art of French Cooking*에 관한 글의 내용과 일치하는 것은?

① The book has five authors.
② It was published in 1963.
③ Julia Child became famous because of it.
④ People can no longer purchase it.
⑤ It came out after Julia Child had a TV show.

3   What can be inferred about Julia Child?

① She frequently cooked when she was young.
② She opened several restaurants during her life.
③ She taught her husband how to cook French food.
④ She published her first book in English and French.
⑤ Her cooking show helped other cooking shows become popular.

4   Find the word in the passage which has the given meaning.

> *v.* to recognize how good something is and to value it

_____

5   글의 내용과 일치하도록 빈칸에 알맞은 단어를 본문에서 찾아 쓰시오.

> Julia Child _____ *Mastering the Art of French Cooking*, which made the _____ lists, and she got her own cooking show and became a(n) _____.

Fake News

In 2016, Donald Trump and Hillary Clinton were the two major candidates in the American presidential election. During the months leading up to the election, there were numerous false and ①misleading stories published in the media. These helped the term "fake news" become popular with people who supported each candidate.

Fake news, which is incorrect news that is said to be ②factual, has been around for centuries. In recent years, however, the mass media, or mainstream media, has been accused of it on numerous occasions. For instance, two months before the 2004 presidential election, news anchor Dan Rather presented fake documents on the air. While he lost his job for doing that, the mainstream media continued to publish fake news.

The dominance of social media such as Facebook and Twitter also led to the rise of fake news. Nearly half of all Americans got some news from Facebook in 2016, yet reports showed that large numbers of articles publishing on the site contained fake news.

Once Mr. Trump was elected, he began to accuse news organizations and reporters of publishing fake news. He began an extended ③feud with a major news channel and even handed out fake news awards in 2017. While fake news continues to be a problem, more people have become aware of the importance of being ④skeptical of the news reports that they read, which is one ⑤negative result of the fake news trend.

Structures

03행 **during vs. for vs. while**
셋 모두 '~ 동안에'라는 뜻으로 기간을 나타내지만, 각각 쓰임이 다르다. during 뒤에는 때를 나타내는 명사가 오고, for 뒤에는 숫자를 동반하여 시간의 길이를 나타내는 명사가 온다. 또한 while은 접속사이므로 절이 온다.
ex He fell asleep **during** the performance. 그는 공연 도중에 잠이 들었다.
Our flight to London was delayed **for** five hours. 런던행 우리 비행기는 다섯 시간 동안 지연되었다.
The phone rang **while** I was washing the dishes. 내가 설거지를 하는 동안 전화가 울렸다.

1 Choose the word from ①~⑤ that is NOT used properly.

①   ②   ③   ④   ⑤

2 According to the passage, what is NOT true about Mr. Trump?

① He ran for president of the United States in 2016.

② He published news stories on Facebook.

③ He won an election against Hillary Clinton.

④ He accused reporters of publishing fake news.

⑤ He handed out fake news awards in 2017.

서술형 **3** What helped lead to the rise of fake news?

→ _____ such as Facebook and
Twitter helped lead to the rise of fake news.

서술형 **4** Read the underlined sentence and correct the error.

_____ → _____

Summary   Fill in the blanks by using the phrases below.

mainstream media	accused	social media	fake news

During the 2016 presidential election, the term "_____" became popular. Fake news has been around for centuries. In recent years, the _____ has been accused of it many times. _____ such as Facebook and Twitter have also led to the rise of fake news. Donald Trump _____ many news organizations and reporters of publishing fake news after becoming president.

A 다음 문장을 밑줄 친 부분에 유의하여 우리말로 해석하시오.

1 <u>Not until</u> more similar meteors are found <u>will we know</u> for sure.

_____

2 The main language of <u>the Philippines</u> is Tagalog.

_____

3 While her show was not the first, it was <u>easily the most popular</u>.

_____

4 <u>During</u> the election, there were numerous false stories published in the media.

_____

B 우리말과 같은 뜻이 되도록 주어진 말을 바르게 배열하시오.

1 이것은 인간이 수천 년 동안 물어 왔던 두 가지 질문이다.

Those are two questions _____.

(have, for, years, that, asked, thousands, humans, of)

2 그것은 화석화된 박테리아가 들어 있는 것처럼 보였다.

It _____.

(bacteria, contain, appeared, fossilized, to)

3 Bayanihan은 어떤 목표를 달성하기 위해 많은 사람들을 수반하는 화합의 정신을 의미한다.

Bayanihan means a spirit of unity _____.

(people, a, involving, to, goal, achieve, many)

C 우리말과 같은 뜻이 되도록 빈칸에 알맞은 말을 쓰시오.

1 자연재해가 일어날 때 필리핀 사람들은 어떠한 답례도 기대하지 않고 동포들을 돕는다.

When there are natural disasters, Filipinos help people without expecting anything

_____ _____ .

2 그 책은 고전으로 간주되었다.

The book _____ _____ _____ a classic.

3 최근 들어 대중 매체는 가짜 뉴스에 대해 수 차례 비난을 받아 왔다.

In recent years, the mass media has _____ _____ _____ fake news on numerous occasions.

문단 요약

유형 소개

1문항 | 2점 | 난이도 ★★☆

글을 읽고 주제를 파악한 후, 이를 한 문장으로 요약하는 능력을 측정하는 유형이다. 글의 내용을 요약한 문장의 빈칸을 완성하는 유형으로, 요약문의 빈칸에는 주로 글의 핵심 내용을 표현하는 단어나 어구가 들어간다.

유형 공략

Step 1 글의 도입부에서 글의 소재와 주제를 파악한다.

Step 2 글의 전개 과정에서 제시된 주요 내용이 무엇인지 알아낸다.

Step 3 선택지를 요약문의 빈칸에 넣어 글의 주요 내용에 부합하는지 확인한다.

 유형 도전 다음 글의 내용을 한 문장으로 요약하고자 한다. 빈칸 (A), (B)에 들어갈 말로 가장 적절한 것은?

Our shared cultural worldviews—the beliefs we create to explain the nature of reality to ourselves—give us a sense of meaning, an account for the origin of the universe, a blueprint for valued conduct on the Earth, and the promise of immortality. Since the dawn of humankind, cultural worldviews have offered immense comfort to death-fearing humans. Throughout the ages and around the globe, the vast majority of people, past and present, have been led by their religions to believe that their existence literally continues in some form beyond the point of physical death. Some of us believe that our souls fly up to Heaven, where we will meet our departed loved ones and *bask in the loving glow of our creator. Others "know" that at the moment of death, our souls migrate into a new, **reincarnated form. Still others are convinced that our souls simply pass to another unknown plane of existence.

*bask 행복해 하다 **reincarnate 환생하다

↓

With cultural worldviews, we become _____(A)_____ with the belief that we are, one way or another, literally _____(B)_____.

	(A)	(B)		(A)	(B)
①	comforted	connected	②	comforted	immortal
③	conflicted	imperfect	④	frustrated	mortal
⑤	frustrated	imperfect			

 변형 문제 문화적 세계관은 무엇을 설명하기 위해서 만든 것인지를 우리말로 쓰시오.

_____

worldview 세계관 | **account** 설명 | **blueprint** 청사진 | **valued** 귀중한 | **conduct** 행동 | **immortality** 불멸 | **immense** 거대한 | **literally** 글자 그대로 | **departed** 죽은 | **glow** 불빛 | **migrate** 이동하다 | **convinced** 확신하는 | **plane** 국면

MEMO

내공
고등영어독해

실력

정답 및 해설

01 Brownstones

정답   1 ③   2 ④   3 (1) T (2) F   4 cold weather, air pollution

5 started using brownstone to build houses with

지문 해석   미국의 북동부 지역을 배경으로 하는 텔레비전 프로그램이나 영화를 본 적이 있는가? 그것은 뉴욕, 필라델피아나 보스턴 같은 지역의 집들을 보여 줬을지도 모른다. 당신은 아마도 많은 집들이 서로 비슷해 보인다는 것을 알아차렸을 것이다. 그 집들은 3층 혹은 4층이고, 집 앞에 현관이 있고, 어두운색의 돌로 만들어졌다.

이러한 집들은 브라운 스톤으로 만들어져서 브라운 스톤 주택이라고 불리는 것은 아주 적절하다. 그 돌은 뉴저지, 코네티컷, 메인과 같은 주에서 나는 어두운색 사암의 한 종류이다. 연석은 깎아 만들기 쉬워서 주택 건축업자들은 그것으로 아름다운 장식품을 자주 만들었다.

1800년대에 건축업자들은 집을 짓기 위해 브라운 스톤을 사용하기 시작했다. 그것은 화강암, 대리석과 석회암보다 훨씬 값이 저렴했다. 브라운 스톤 주택은 한때 값이 쌌지만, 오늘날에는 많은 집들이 수백만 달러에 팔릴 정도로 꽤 비싸다. 한 가지 이유는 땅속에 브라운 스톤이 많이 남아 있지 않다는 것이다. 그것을 생산했던 채석장은 대부분 비어 있어서 더 이상 새로운 브라운 스톤 주택을 지을 수 없다.

이것은 브라운 스톤 주택 소유자들에게도 문제를 야기한다. 브라운 스톤의 상대적인 부족 때문에 집을 보수하기가 어렵다. 브라운 스톤의 구멍이 많은 성질 때문에 집수리가 자주 필요하다. 추운 날씨와 대기 오염은 시간이 흐르면서 그것이 부식하게 만든다. 그러니 당신이 브라운 스톤 주택을 보게 되면 반드시 그것의 진가를 느껴 보아라. 궁극적으로 그것은 서서히 사라질 것이다.

문제 해설   1 연석은 깎아 만들기 쉬워서 주택 건축업자들이 그것으로 아름다운 장식품을 자주 만들었다고 했으므로, ③ '깎아 만들기 쉽다.'가 글의 내용과 일치한다. (8~9행)

① 오늘날 값이 싸다.

② 화강암처럼 생겼다.

④ 땅속 깊은 곳에서 발견된다.

⑤ 인기 있는 건축 자재이다.

2 오늘날 브라운 스톤 채석장이 어디에 있는지에 관해서는 언급되지 않았다.

[문제] 글을 읽고 답할 수 <u>없는</u> 질문은?

① 브라운 스톤 주택이 지어진 도시들은 어디인가? (2~3행)

② 많은 브라운 스톤 주택들은 어떻게 생겼는가? (4~5행)

③ 브라운 스톤은 어디에서 나는가? (7~8행)

④ 브라운 스톤 채석장은 오늘날 어디에 있는가? (언급되지 않음)

⑤ 브라운 스톤 주택을 보수하기 어려운 이유는 무엇인가? (16~17행)

3 (1) 미국 북동부 지역의 브라운 스톤 주택들은 3층 혹은 4층이라고 했다. (4행)

(2) 땅속에 브라운 스톤이 많이 남아 있지 않아 그것을 생산했던 채석장은 대부분 비어 있기 때문에 더 이상 새로운 브라운 스톤 주택을 지을 수 없다고 했다. (13~15행)

(1) 많은 브라운 스톤 주택들이 3층 혹은 4층이다.

(2) 미국의 일부 지역에서는 아직도 새로운 브라운 스톤 주택이 지어지고 있는 중이다.

4 시간이 흐르면서 추운 날씨와 대기 오염이 브라운 스톤을 부식하게 만든다고 했다. (18~19행)

Q 브라운 스톤이 시간이 흐르면서 부식하는 이유는 무엇인가?

A 그것은 <u>추운 날씨</u>와 <u>대기 오염</u> 때문에 부식한다.

5 「to부정사＋전치사」 구문을 사용하여 표현한다. brownstone은 전치사 with의 목적어에 해당하므로 to부정사구 뒤에 전치사를 쓰는 것에 유의한다.

구문 해설

10행 In the 1800s, builders started using brownstone **to build houses with**.
- to부정사구인 to build houses with가 수식하는 brownstone은 전치사 with의 목적어에 해당하므로 전치사를 빠뜨리지 않도록 유의한다.

10행 It was **much** cheaper than granite, marble, and limestone.
- much는 '훨씬'이라는 뜻으로 비교급의 의미를 강조하는 부사이다. even, still, far, a lot 등도 비교급을 수식할 수 있다.

11행 While they were once cheap, brownstones today are quite expensive, **with many of them selling** for millions of dollars.
- 「with＋명사＋분사」는 부대상황의 분사구문으로, '～가 …한 채로'라고 해석한다. 여기서는 명사와 분사가 능동의 관계이므로 현재분사(selling)가 쓰였다. sell은 '팔리다'라는 뜻으로, 능동태이지만 수동태처럼 해석하는 것에 유의한다.

16행 Repairing the homes **is** difficult because of the relative lack of brownstone.
- 동명사구가 문장의 주어로 쓰일 경우 단수 취급하므로 단수형인 is가 쓰였다.

02 From Barter to Bitcoin

pp. 012 ~ 013

정답   1 ③   2 ⑤   3 ⑤   4 동전과 지폐   5 payment methods, bartering, Bitcoin

지문 해석   2017년에 그 해의 가장 큰 화두 중 하나는 비트코인이었다. 그것은 전자 화폐의 일종으로, 이제까지 발명된 최초의 암호 화폐였다. 비트코인은 블록체인 기술을 사용하기 때문에 중앙 은행이 없지만 개인 간에 거래된다. 2017년에 그것의 가치는 1비트코인당 천 달러에서 1비트코인당 거의 2만 달러로 올랐다.

비트코인이 2017년에 가장 중요한 뉴스거리였지만, 그것은 실제로 상품과 서비스에 대한 그저 또 다른 지불 형태였다. 수천 년 동안 사람들은 수많은 지불 방식을 사용해 왔다. 최초는 물물 교환이었다. 사람들은 물물 교환을 할 때 일정량의 물품을 서로 교환했다. 고대에는 채소, 곡물과 소, 양 같은 가축이 인기 있는 교환 품목이었다.

최초의 화폐가 만들어진 것은 비로소 기원전 600년경이 되어서였다. 현재의 터키에 위치한 리디아의 Alyattes(알뤼아테스) 왕이 그때 동전을 주조했다. 금, 은과 동이 동전으로 인기 있는 금속이 되었다. 중국인들은 7세기 언젠가에 종이 화폐인 지폐를 발명했다. 그 두 가지 형태의 돈이 현대까지 지불 방식으로 지배적이었다.

20세기에 새로운 지불 형태가 개발되었다. 신용 카드가 1946년에 도입되었고, 컴퓨터와 인터넷 덕분에 은행 자동 이체가 가능해졌다. 그러나 2017년의 비트코인 광풍이 보여 주듯이, 사람들은 항상 새로운 지불 형태를 찾고 있다. 뉴스 보도에 따르면, 실제로 사람들 중 약 80퍼센트가 상품과 서비스를 얻기 위해서 가끔 사업체와 물물 교환을 한다. 한때 구식이었던 것이 다시 새로운 것이 된 것처럼 보인다.

문제 해설   **1** 물물 교환에서 동전과 지폐, 그리고 비트코인과 같은 암호 화폐에 이르기까지 화폐의 변천사에 관해 소개하고 있으므로, ③ '돈의 간략한 역사'가 글의 주제로 가장 적절하다.
① 동전의 기원
② 가장 적합한 형태의 돈
④ 사람들은 처음에 어떻게 화폐를 만들었는가
⑤ 비트코인과 다른 암호 화폐

2 ⑤ 앞에 선행사가 없으므로 which를 선행사를 포함하는 관계대명사 what으로 고친다. 여기서는 what이 이끄는 절(what was once old)이 that절의 주어로 쓰였다.
① '가장 ～한 것들 중 하나'라는 표현은 「one of the＋최상급＋복수명사」이므로 복수명사 stories가 쓰인 것은 적절하다.
② the first cryptocurrency와 invented는 수동의 관계이므로 과거분사가 쓰인 것은 적절하다. (구문 해설 참조)

③ not until around 600 B.C.를 강조하기 위해 It was와 that 사이에 쓴 「It is ~ that…」 강조구문이므로 that이 쓰인 것은 적절하다.

④ 「~% of+복수명사」가 주어로 쓰이면 동사는 복수형을 쓰므로 barter가 쓰인 것은 적절하다.

3 사람들 중 약 80퍼센트가 상품과 서비스를 얻기 위해 가끔 사업체와 물물 교환을 한다는 뉴스 보도가 있다고 했으므로 ⑤ '사람들은 돈보다 그것을 사용하는 것을 더 좋아한다.'가 틀린 설명이다. (21~23행)

[문제] 글에 따르면 물물 교환에 관한 설명이 맞지 <u>않는</u> 것은?
　　　① 그것은 한 가지 지불 형태이다. (6~7행)
　　　② 그것은 사람들이 상품에 대해 대가를 지불한 최초의 방식이었다. (8행)
　　　③ 그것은 물품을 다른 것으로 교환하는 것을 수반한다. (8~9행)
　　　④ 소와 양은 자주 물물 교환되었다. (9~11행)

4 Those two forms of money는 앞에서 언급한 coins와 banknote (= paper currency)를 가리킨다.

5 사람들이 사용해 온 지불 방식은 물물 교환에서 동전과 지폐, 그리고 비트코인과 같은 암호 화폐로 바뀌었다.

구문 해설　**1행**　It was *the first cryptocurrency*, *a type of electronic money*, **(that had) ever (been) invented**.
　　• (that had) ever (been) invented에서 주격 관계대명사 that과 be동사에 해당하는 had been이 생략된 형태이다.
　　• a type of electronic money는 the first cryptocurrency와 동격 어구이므로, ever invented가 수식하는 것은 the first cryptocurrency이다.

　　2행　**Using blockchain technology**, Bitcoin has no central bank but is traded from person to person.
　　• Using blockchain technology는 이유를 나타내는 분사구문이다. 부사절로 바꾸면 Because it uses blockchain technology가 된다.

　　12행　**It was** not until around 600 B.C. **that** the first currency was created.
　　• 「It is ~ that…」 강조구문으로, '~한 것은 바로 …이다'라고 해석한다. 여기서 강조하는 대상인 not until around 600 B.C.는 '~한 것은 비로소 기원전 600년경이 되어서였다'라고 해석하는 것이 자연스럽다.

　　21행　In fact, according to news reports, around **80% of people** occasionally **barter** with businesses for goods and services.
　　• 「~% of+복수명사」가 주어로 쓰이면 동사는 복수형을 쓰고, 「~% of+단수명사」가 주어로 쓰이면 동사는 단수형을 쓴다.

　　23행　It seems that **what** was once old has become new again.
　　• what은 선행사를 포함하는 관계대명사로, the thing that(which)로 바꾸어 쓸 수 있다.

03　The Hyperloop
pp. 014 ~ 015

정답　　1 ②　　　2 ⑤　　　3 ⑤　　　4 friction　　　5 transport [carry], sealed, travel

지문 해석　　미래의 여행은 어떤 모습일지 상상해 보라. 수백 만 대의 자율주행차가 도로를 달릴 것이다. 하늘을 나는 오토바이와 자동차가 도시를 질주할 것이다. 극초음속 비행기는 뉴욕에서 파리를 90분 안에 날아갈 것이다. 하이퍼루프 또한 사람들을 신속히 수송할 것이다.
　　현재 하이퍼루프는 현실에 가까워지고 있는 하나의 미래 교통 기술이다. 그것은 SpaceX와 전기차 제조업체인 Tesla(테슬라)의 창업자인 Elon Musk(일론 머스크)의 아이디어이다. 하이퍼루프는 공기를 거의 전부 뺀 밀폐된 튜브(터널)를 사용할 것이다. 그리고 특수 포드(캡슐형 승객 운반 장치)가 튜브 안에서 사람과 화물을 나를 것이다. 튜브는 공기가 거의 없기 때문에 마찰은 사실상 없을 것이다. <u>이는 포드가 시속 약 700마일로 달리는 것을 가능하게 할 것이다.</u>

그것은 불가능하게 들리지만, 소형 하이퍼루프 튜브가 이미 캘리포니아에서 만들어졌다. 길이가 1마일 밖에 안 되는 그것은 지금 시험용으로 사용되고 있다. 하지만 전 세계 도시들은 하이퍼루프에 관심을 보이고 있다. 시카고는 시내에서 오헤어 국제공항까지 운행하는 하이퍼루프를 건설하는 계약을 체결했다. 시카고에서 클리블랜드까지 운행하는 하이퍼루프를 건설하기 위한 계획이 진행되고 있다. 그것은 313마일에 이르는 여행을 불과 28분이 걸리게 만들 것이다. 또한 미국 내 35개 도시를 연결하는 지하 하이퍼루프 터널을 건설할 계획도 있다.

기술은 완벽하지 않지만, 2021년경에 최초의 하이퍼루프가 승객들을 수송할 것으로 기대된다. 그렇게 되면 사람들이 여행하는 방식은 엄청나게 바뀔 것이다.

문제 해설

1 진공 상태의 튜브 안에서 시속 약 700마일로 달리는 미래의 교통 기술인 하이퍼루프에 관해 소개하고 있으므로, ② '빠르게 여행하는 새로운 방법'이 글의 제목으로 가장 적절하다.

[문제] 글의 제목으로 가장 적절한 것은?
① Elon Musk와 그의 작품
③ 시카고의 하이퍼루프
④ 하이퍼루프를 설계하는 방법
⑤ 하이퍼루프: 로켓보다 빠른

2 시속 700마일이라는 빠른 속도로 달리는 것을 가능하게 만드는 것은 마찰이 없기 때문이므로, 주어진 문장은 ⑤에 들어가는 것이 가장 자연스럽다.

3 미국 내 35개 도시를 연결하는 지하 하이퍼루프 터널을 건설할 계획이 있다고 했으므로, ⑤ '그것은 미국 내 35개 도시를 연결한다.'가 글의 내용과 일치하지 않는다. (18~19행)
① Elon Musk가 그것에 대한 아이디어를 냈다. (6~7행)
② 그것이 사용하는 튜브 안에는 공기가 거의 없다. (9~10행)
③ 그것은 승객들을 나르기 위해 특수 포드를 사용한다. (8~9행)
④ 마찰 저항이 없어서 그것은 빨리 움직인다. (9~10행)

4 '움직이는 물체가 또 다른 물체와 접촉할 때 속도를 늦추게 하는 힘'이라는 뜻을 가진 단어는 friction(마찰, 마찰력)이다. (10행)

[문제] 다음 주어진 뜻을 가진 단어를 글에서 찾아 쓰시오.

5 하이퍼루프는 포드가 매우 빠른 속도로 <u>이동할</u> 수 있게 하는 <u>밀폐된</u> 튜브를 통해 사람과 화물을 <u>수송할</u> 것이다.

구문 해설

7행 The hyperloop will use sealed tubes which **have nearly all the air removed** from them.
• have는 목적격보어로 동사원형, 과거분사, 현재분사 등을 취할 수 있는데, 목적어가 사물이고 목적격보어와 수동의 관계일 때는 과거분사를 쓴다. 「have+목적어+과거분사」는 '~가 …되게 하다'라는 의미이다.

15행 Plans are being made **to build** a hyperloop from Chicago to Cleveland.
• to build는 to부정사의 형용사적 용법으로 주어인 plans를 꾸며 준다.

20행 The technology is not perfect, but the hope is **that** the first hyperloop will carry passengers by 2021.
• that은 명사절을 이끄는 접속사로 여기서는 보어 역할을 한다.

21행 If that happens, **the way people travel** will change tremendously.
• the way 뒤에 방법을 나타내는 관계부사 how가 생략되어 있다. the way와 how는 둘 중 하나만 써야 하므로 the way how people travel은 어법에 맞지 않는 표현이다.

정 답 1 ③   2 ④   3 harmful chemicals, water and land pollution
4 throwing away them → throwing them away

Summary	drawbacks, lacking, pollution, wastes

지문 해석   파리, 밀라노와 런던 같은 도시들은 자주 패션쇼를 연다. 모델들은 최신 옷들을 뽐내며 무대를 오르내린다. 때로는 그들이 입고 있는 옷들이 매우 인기가 많아 의류 제조업체들은 서둘러서 그 옷들을 가능한 한 많이 생산한다. 그들은 애타게 기다리는 고객들이 그 옷들을 구입할 수 있도록 시장에 내놓기를 원한다.

무대에서 공장 그리고 상점에 진열되기까지의 과정이 몇 주 안에 이루어지는 행위는 패스트패션이라고 알려져 있다. 그것은 섬유업계 종사자들에게는 막대한 이익을 가져다 줄 수 있지만, 몇 가지 문제점이 있다. 가장 큰 문제는 옷의 품질과 관련이 있다. 요즘 상점들은 옷이 무대에 첫 선을 보일 때부터 제품화되는 시간을 약 3주로 예상한다. 그 결과 많은 옷들이 빨리 만들어져야 한다. 품질은 종종 떨어져 옷이 제대로 만들어지지 않는다.

이러한 옷들은 대다수가 동남아시아에 있는 공장에서 만들어진다. 불행하게도 그곳의 근무 환경은 열악하고, 노동자들은 저임금을 받는다. 뿐만 아니라 공장들은 옷을 서둘러 만들 때 흔히 환경을 무시한다. 이는 유해한 화학 물질을 남용하는 결과를 낳아, 수질 오염과 토양 오염을 야기할 수 있다. 또 다른 문제점은 요즘에는 옷이 단기간 유행을 한다는 것이다. 결과적으로 사람들은 구입하는 옷을 몇 번만 입고 버릴지도 모르는데, 이것은 재료 및 노동력 낭비이다.

문제 해설   1 낮은 품질, 환경 오염, 재료 및 노동력 낭비라는 패스트패션의 문제점에 관해 지적하고 있으므로, ③ '패스트패션은 어떻게 해로울 수 있는가'가 글의 주제로 가장 적절하다.

[문제] 글의 주제로 가장 적절한 것은?
① 사람들은 왜 패스트패션을 좋아하는가
② 패스트패션은 언제 처음 시작되었는가
④ 어떤 회사들이 패스트패션을 사용하는가
⑤ 어떤 나라들이 패스트패션에 관여하고 있는가

2 (A) 빈칸 앞뒤의 내용은 원인과 결과에 해당한다. 따라서 '그 결과'라는 뜻의 As a result가 적절하다.

(B) 빈칸 뒤에서 동남아시아에 있는 공장의 열악한 근무 환경과 그곳에서 일하는 저임금 노동자라는 안타까운 현실을 이야기하고 있으므로, '불행하게도, 유감스럽게도'라는 뜻의 Unfortunately가 적절하다.

[문제] 빈칸에 들어갈 말로 가장 적절한 것은?
① 게다가 – 불행하게도 ② 게다가 – 흥미롭게도 ③ 예를 들어 – 그럼에도 불구하고 ④ 그 결과 – 불행하게도
⑤ 그 결과 – 흥미롭게도

3 공장들이 옷을 서둘러 만들 때 유해한 화학 물질을 남용해 수질 오염과 토양 오염을 야기할 수 있다고 했다. (16~18행)

[문제] 패스트패션은 환경을 어떻게 해치는가?
→ 공장들이 유해한 화학 물질을 남용해, 수질 오염과 토양 오염을 야기할 수 있다.

4 「동사＋부사」로 이루어진 구동사의 경우 목적어가 대명사일 경우에는 동사와 부사 사이에 와야 하므로, throwing away them을 throwing them away로 고친다.

[문제] 밑줄 친 문장을 읽고 틀린 곳을 바르게 고치시오.

Summary   [문제] 아래 주어진 단어나 어구를 활용해 빈칸을 채우시오.

오염	부족한	낭비하다	문제점들

옷이 인기를 얻을 때 의류 제조업체들은 서둘러 옷을 생산한다. 이것은 패스트패션으로 알려져 있다. 그것은 몇 가지 <u>문제점들</u>을 갖고 있다. 옷의 품질이 종종 <u>떨어진다</u>. 옷이 만들어지는 공장의 근무 환경은 열악하다. 유해한 화학 물질이 남용되는데, 이는 <u>오염</u>을 유발할 수 있다. 마지막으로, 사람들은 그 옷을 몇 번밖에 입지 않아 재료와 노동력을 <u>낭비한다</u>.

구문 해설

3행 Sometimes the clothes they are modeling become extremely popular, so clothes makers hurry to manufacture **as** many of them **as they can**.
- 「as+형용사/부사+as one can」은 '가능한 한 ~한[하게]'라는 뜻으로, 「as+형용사/부사+as possible」로 바꾸어 쓸 수 있다.

16행 In addition, the factories often disregard the environment **when (they are) making** clothes in a hurry.
- when과 making 사이에 they are가 생략되어 있는 형태이다. 시간 부사절의 주어가 주절의 주어와 같고 동사가 be동사일 때는 주어와 동사를 생략할 수 있다.

20행 As a result, people may only wear the clothes they buy a couple of times before **throwing them away**, *which* is a waste of materials and labor.
- throwing them away는 「동사+목적어+부사」의 형태로, 구동사의 목적어가 대명사이므로 throwing과 away 사이에 위치한 것에 유의한다. 「동사+부사」로 이루어진 구동사의 경우 목적어가 명사일 경우에는 부사 앞이나 뒤에 모두 올 수 있지만, 목적어가 대명사일 경우에는 반드시 동사와 부사 사이에 와야 한다.
- which는 계속적 용법의 관계대명사로 쓰여 앞에 나온 절 전체를 가리킨다.

Focus on Sentences

p. 018

A
1 그것은 뉴욕, 필라델피아나 보스턴 같은 지역의 집들을 보여 줬을지도 모른다.
2 수천 년 동안 사람들은 수많은 지불 방식을 사용해 왔다.
3 그렇게 되면 사람들이 여행하는 방식은 엄청나게 바뀔 것이다.
4 무대에서 공장 그리고 상점에 진열되기까지의 과정이 몇 주 안에 이루어지는 행위는 패스트패션이라고 알려져 있다.

B
1 Brownstones today are quite expensive <u>with many of them selling for millions of dollars</u>.
2 <u>It was not until</u> around 600 B.C. <u>that</u> the first currency was created.
3 The hyperloop will use sealed tubes <u>which have nearly all the air removed from them</u>.

C
1 These houses <u>are made of</u> brownstone and are called brownstones.
2 As of now, the hyperloop is one future vehicle technology <u>close to becoming</u> reality.
3 Models walk up and down runways <u>showing off</u> the latest clothing.

유형 도전 ⑤

변형 문제 hard work, an action plan, the words you use

지문 해석 여러분이 할 수 없다고 말한다면 하지 않을 것이고, 할 수 있다고 말한다면 할 것이다. 여러분이 자신의 어휘를 바꾸면 모든 것이 가능하다. 여러분이 말하는 단어로 여러분의 꿈을 실현시킬 수 있다. 여러분이 말하는 단어로 여러분의 꿈을 죽일 수 있다. 여러분의 말은 사고를 통제한다. 따라서 무언가를 성취할 수 없다고 말하는 매 순간, 그것을 성취할 수 없다고 믿기 시작할 것이다. "그러니, Randall, 당신은 내가 단어를 바꾸면 내 꿈을 성취할 것이라고 말하고 있는 건가요?" 이에 대한 짧은 대답은 긍정이다! 물론, 노력과 행동 계획 없이는 꿈을 성취할 수 없지만, 이 모든 것은 여러분이 사용하는 말과 함께 시작한다. 여러분의 말을 바꾸면, 여러분의 생각이 바뀔 것이다. 여러분의 생각이 바뀔 때, 여러분의 행동에 영향을 미치고, 여러분이 원하는 결과를 가져온다. 그것에 대해서 생각해라. 긍정적으로 말할 때, 긍정적으로 생각한다. 그리고 긍정적으로 생각할 때, 긍정적으로 행동한다! 알다시피, 이 모든 것은 여러분이 사용하는 단어로 시작한다. 그것들을 현명하게 선택해라.

문제 해설 긍정적으로 말할 때 긍정적으로 생각하게 되고, 긍정적으로 생각할 때 긍정적으로 행동하게 된다고 하면서, 이 모든 것이 사용하는 단어로부터 시작한다고 했다. 따라서 필자의 주장으로 '⑤ 말할 때 긍정적인 단어를 사용해라.'가 적절하다.

변형 문제 'Of course, you cannot achieve your dreams without hard work and an action plan, but it all starts with the words you use.'에서 꿈을 실현하는 데 필요한 세 가지를 찾을 수 있다. (6~7행)

구문 해설 **2행** You can **make** your dreams **come** true by the words [*you speak*].
　　　　　• 사역 동사 make의 목적 보어 자리에 동사 원형인 come이 나왔다.
　　　　　• you speak는 the words를 수식하는 관계절이다.

　　　　 4행 Therefore, **every time** you say you can't achieve something, you will begin to believe [*that you can't achieve it*].
　　　　　• every time이 접속사로 사용되었으며, '~할 때마다'의 의미이다.
　　　　　• 접속사 that이 이끄는 절은 동사 believe의 목적어이다.

　　　　 8행 When your thinking changes, it influences your actions, [**resulting in outcomes you desire**].
　　　　　• [ ]로 표시된 부분은 분사구로, 'When your thinking changes, it influences your actions and results in outcomes you desire.'로 바꿔 쓸 수 있다.

05 Project Daniel pp. 022 ~ 023

정답   1 ⑤   2 ②   3 ③   4 ⓐ Having ⓑ bought   5 prosthetic limbs, 3D printers

지문 해석   아프리카의 남수단에서 전쟁은 사람들에게 피할 수 없는 일상이다. 비행기가 날아와 폭탄을 떨어뜨리면 마을 사람들은 달아나며 피할 곳을 찾는다. 하루는 Daniel Omar라는 이름의 14세 소년이 가족이 키우는 염소들을 지켜보고 있었다. 폭탄이 떨어지기 시작했을 때 그는 나무 뒤로 달려가서 팔로 나무를 에워쌌다. 폭탄은 그의 몸을 빗나갔지만 그의 팔에 손상을 입혔다. 그의 양팔은 절단되었다.

팔이 없기 때문에 Daniel은 자신의 인생이 살 가치가 없다고 여겼다. 그때 비영리 단체인 Not Impossible Foundation의 설립자인 Mick Ebeling이 Daniel의 기사를 읽었다. 그의 단체는 세계 각지의 어려움에 처한 사람들을 돕는다. 그는 전문가들로 이루어진 팀을 꾸려 남수단의 Yida로 갔다. 3D 프린터를 사용하여 Mick과 그의 팀은 Daniel에게 의수를 만들어 주었다. Daniel은 자신의 인생이 끝나지 않았고 다시 많은 활동을 할 수 있다는 것을 서서히 깨달으면서 삶에 대한 흥미를 되찾았다.

Daniel이 Mick과 그의 팀이 도와준 유일한 사람은 아니었다. 남수단에는 사지가 절단된 사람들이 5만 명 정도 있는 것으로 추산된다. Mick은 Daniel 프로젝트를 시작했고, 남수단에 3D 프린팅 보철 연구소 및 훈련 기관을 설립했다. 그곳에서 3D 프린터는 약 100달러에 새로운 사지를 만들 수 있다. 회사에서 구입하는 의수족의 가격은 보통 10,000에서 15,000달러이다. 이제 남수단 사람들은 대체 팔과 다리를 만드는 방법을 배우고 있다. 그들이 받는 훈련 덕분에 그들은 Mick과 그의 팀의 도움을 더 이상 필요로 하지 않는다. 그리고 그들은 적은 돈으로 사람들의 삶을 개선시킬 수 있다.

문제 해설   1 Daniel Omar는 가족이 키우는 염소들을 지켜보고 있다가 폭탄이 떨어져 양팔에 손상을 입었다고 했다. (2~4행)

[문제] Daniel Omar는 어떻게 양팔을 잃었는가?
① 차가 그를 치었다.
② 그는 농장에서 사고를 당했다.
③ 지뢰가 그의 근처에서 폭발했다.
④ 그는 전쟁에서 싸우다 다쳤다.
⑤ 비행기에서 떨어진 폭탄이 그의 팔에 손상을 입혔다.

2 주어진 문장의 His organization은 Mick Ebeling이 설립한 비영리 단체인 Not Impossible Foundation을 가리키므로, 주어진 문장은 ②에 들어가는 것이 가장 적절하다.

3 남수단에 사지가 절단된 사람들이 5만 명쯤 있는 것으로 추산된다고만 언급했으므로, ③ '그것은 이미 5만 명 이상에게 도움을 주었다.'가 글의 내용과 일치하지 않는다. (14~15행)
① 그것은 Mick Ebeling에 의해 시작되었다. (7~9행)
② 그것은 남수단 사람들에게 3D 프린터를 사용하는 법을 가르친다. (15~17행)
④ 그것은 100달러에 새로운 팔과 다리를 만들 수 있다. (17행)
⑤ 그것은 회사보다 더 낮은 가격에 의수족을 만든다. (17~19행)

4 ⓐ Have no arms는 이유를 나타내는 분사구문이 되어야 하므로 Having을 써야 한다.
ⓑ buy from companies가 주어인 Prosthetic limbs를 수식하는 구조가 되어야 하는데, 주어와 수동의 관계이므로 과거분사인 bought를 써야 한다.

5 Daniel Omar는 양팔을 잃었지만, 그와 다른 많은 사람들은 Daniel 프로젝트에 의해 제공된 3D 프린터 덕분에 새로운 의수족이 생겼다.

7행 **Having no arms**, Daniel considered his life not worth living.
· Having no arms는 이유를 나타내는 분사구문으로, 부사절 Because he had no arms로 바꾸어 쓸 수 있다.

18행 **Prosthetic limbs** *bought from companies* usually **cost** between $10,000 and $15,000.
· 문장의 주어는 Prosthetic limbs이고 동사는 cost이다.
· bought from companies는 명사를 뒤에서 수식하는 과거분사구로 쓰였다.

06 Bubble Wrap

pp. 024 ~ 025

정답 1 ③   2 ⑤   3 ⑤   4 three-dimensional wallpaper   5 Bubble Wrap

지문 해석

우체부가 당신의 집으로 소포를 배달한다. 열어 보니 당신이 주문한 물건이 일종의 플라스틱에 싸여 있다. 이 플라스틱은 뽁뽁이라고 불리는데, 그것은 1960년부터 물건이 깨지지 않게 해왔다.

뽁뽁이의 역사는 실제로 1957년으로 거슬러 올라간다. 그 해 Alfred Fielding과 Marc Chavannes라는 이름의 두 기술자가 집을 꾸밀 입체 벽지를 만들려고 하고 있었다. 그들은 샤워 커튼 두 장을 함께 붙여 완전히 밀봉했다. 이것은 한가운데에 공기 방울이 생기게 했다. 그들의 발명품은 벽지로서는 완전히 실패작이었다. 그러나 그들은 곧 그것이 물건을 보호하는 데 효과적이라는 것을 발견했다.

두 사람은 Sealed Air Corporation을 설립하고 그들의 제품을 마케팅하기 시작했다. (C) 그들은 용케도 IBM이라는 큰 고객을 유치했다. (B) 그 회사는 컴퓨터를 고객에게 발송하기 전에 뽁뽁이로 그것을 포장했다. (A) 다른 회사들도 이것을 알아차리고 그들의 제품을 그것으로 포장하기 시작했다.

시간이 흐르면서 이 투명한 제품의 고객 수는 전 세계에서 증가했다. 그것의 많은 특징 중 하나는 발명자들이 분명 전혀 상상하지 못했던 방식으로 즐거움을 제공해 왔는데, 아이들은 뽁뽁이에서 나는 갑자기 뽁 하고 터지는 소리를 듣기 위해 기포를 터뜨리는 것을 매우 좋아한다. 유감스럽게도 그들은 앞으로 뽁뽁이에서 어떠한 즐거움도 얻지 못할지도 모른다. Sealed Air Corporation은 iBubble Wrap이라고 불리는 제품을 개발했는데, 이것은 터뜨릴 수 없다.

문제 해설

1 뽁뽁이가 언제, 어떻게 발명되었고 의도와는 다르게 어떤 용도로 사용되고 있는지 소개하고 있으므로, ③ '뽁뽁이의 역사'가 글의 주제로 가장 적절하다.

[문제] 글의 주제로 가장 적절한 것은?
① 뽁뽁이의 용도
② 새로운 종류의 뽁뽁이
④ 뽁뽁이를 발명한 사람들
⑤ 뽁뽁이를 만드는 방법

2 (B)의 The company는 IBM을 가리키므로 (C) 뒤에 (B)가 와야 하고, (A)의 this는 IBM이라는 회사가 뽁뽁이로 컴퓨터를 포장해 고객에게 발송하는 것을 가리키므로 (B) 뒤에 와야 한다. 따라서 (C)−(B)−(A)의 순서가 되는 것이 적절하다.

3 아이들이 뽁뽁이에서 나는 뽁 하고 터지는 소리를 듣기 위해 기포를 터뜨리는 것을 매우 좋아한다는 내용을 통해, 뽁뽁이가 아이들에게 즐거움을 제공했음을 알 수 있다.
① 활동들 ② 보호 ③ 정보 ④ 대체품 ⑤ 즐거움

4 뽁뽁이를 발명한 Alfred Fielding과 Marc Chavannes는 집을 꾸밀 입체 벽지를 만들려고 하고 있었다고 했다. (4~6행)
Q 뽁뽁이를 만든 사람들은 그것을 발명했을 때 무엇을 만들려고 했었는가?
A 그들은 집을 꾸밀 입체 벽지를 만들려고 하고 있었다.

5 this transparent product(이 투명한 제품)는 앞에서 언급한 Bubble Wrap을 가리킨다.

1행 When you open it, you **find the item (that) you ordered wrapped** in a kind of plastic.
- find의 목적어는 the item you ordered이고 목적격보어로 과거분사 wrapped가 쓰인 5형식 문장이다. 형용사절 you ordered 앞에는 목적격 관계대명사 that이 생략되어 있다.

4행 That year, two engineers named Alfred Fielding and Marc Chavannes were trying to make three-dimensional wallpaper **to decorate homes with**.
- to부정사구인 to decorate homes with가 수식하는 three-dimensional wallpaper는 전치사 with의 목적어에 해당하므로 전치사를 빠뜨리지 않도록 유의한다.

15행 Over time, **the number of customers** for this transparent product **has increased** around the world.
- 「the number of+복수명사」가 주어로 쓰이면 단수동사가 오며, '~의 수'라고 해석한다.

16행 **One** of its many features **has provided** entertainment in *a way (that)* [*its inventors surely never imagined*].
- 주어는 features가 아니라 One이므로 단수동사인 has provided가 쓰였다.
- [ ]는 a way를 수식하는 형용사절로, a way 뒤에는 관계대명사 that이 생략되어 있다.

07 International Women's Day
pp. 026 ~ 027

정답   1 ③   2 ⑤   3 (1) F (2) T   4 equality   5 politics, theme, 1975

지문 해석   매년 3월 8일 전 세계에서 수백만 명의 여성들이 기념 행사를 연다. 그들이 이렇게 하는 이유는 그날이 세계 여성의 날이기 때문이다.

세계 여성의 날은 시간이 흐르면서 큰 변화를 겪어 온 날이다. 초기에는 주로 정치에 관심이 집중되었다. 최초의 여성의 날은 미국의 사회당에 의해 조직되어 1909년 2월 28일 미국에서 개최되었다. 몇 년 뒤인 1917년, 소련은 3월 8일에 그날을 기념하기 시작했다.

여러 해 동안 세계 여성의 날은 공산주의자와 사회주의자에 의해 거의 독점적으로 기념되었다. 그들은 투표권과 같은 여성의 권리를 증진시켰는데, 그것은 20세기 초에 많은 나라의 여성들이 가질 수 없는 것이었다. 그 결과, 그들은 더 많은 권리를 얻고 싶었기 때문에 매년 3월 8일에 여성들은 시위와 파업을 자주 벌였다.

이 휴일은 1975년에 유엔이 기념하기 시작했을 때 변하기 시작했다. 그때 이후로 매년 여성에 대한 폭력 종식과 양성평등 촉진과 같은 각기 다른 주제가 그날 있어 왔다. 오늘날 이 휴일은 전 세계 100여 개국에서 기념된다. 어떤 곳에서는 행진과 정치 집회가 열린다. 다른 곳에서는 어머니 날에 더 가깝기 때문에 남자들은 흔히 주변 여성들에게 작은 선물을 주고 그들에게 감사의 마음을 표현한다.

문제 해설   **1** 공산주의자와 사회주의자가 세계 여성의 날을 기념한 것은 여성의 권리를 침해하기 위해서가 아니라 증진하기 위해서이므로, ③ violated(위반했다, 침해했다)를 promoted(증진했다, 촉진했다)와 같은 단어로 고친다.

2 20세기 초에 투표권이 없었던 많은 나라의 여성들은 더 많은 권리를 얻고 싶었기 때문에 매년 3월 8일에 시위와 파업을 자주 벌였다고 했다. (13~15행)

[문제] 글에 따르면 20세기 초에 여성들은 세계 여성의 날에 보통 무엇을 했는가?
     ① 그들은 정치 집회를 열었다.
     ② 그들은 다른 사람들에게 선물을 주었다.
     ③ 그들은 행진을 하며 기념했다.
     ④ 그들은 양성평등을 촉진했다.
     ⑤ 그들은 시위와 파업을 했다.

3 (1) 소련은 3월 8일에 세계 여성의 날을 기념하기 시작했다고 했다. (8~9행)

　(2) 오늘날 전 세계 100여 개국에서 세계 여성의 날을 기념한다고 했다. (19~20행)

　(1) 소련은 2월 28일에 세계 여성의 날을 기념했다.

　(2) 오늘날 사람들은 100여 개국에서 세계 여성을 날을 기념한다.

4 '동일한 권리, 사회적 지위 등을 갖는 특성 또는 상태'라는 뜻을 가진 단어는 equality(평등)이다. (18행)

　[문제] 다음 주어진 뜻을 가진 단어를 글에서 찾아 쓰시오.

5 세계 여성의 날은 처음에 <u>정치</u>에 관심이 집중되었지만 <u>1975년</u> 이후로 매년 다른 <u>주제</u>가 있어 왔다.

구문 해설

2행　**The reason (why)** they do this is *that* it is International Women's Day.
- The reason 뒤에는 이유의 관계부사 why가 생략되어 있다.
- that은 명사절을 이끄는 접속사로 여기서는 보어 역할을 한다.

11행　They promoted women's rights, such as the right to vote, **which** women in numerous countries could not have in the early twentieth century.
- which는 계속적 용법으로 쓰인 관계대명사이다. which가 이끄는 절은 선행사인 the right to vote에 대한 부가적인 정보를 제공한다.

20행　In others, it is more like Mother's Day, so men frequently **give the women in their lives small gifts** and express their thanks to them.
- 「give+간접목적어+직접목적어」의 4형식 문장이 쓰였다. 3형식 문장으로 바꾸면 give small gifts to the women in their lives가 된다.

08 The Green Vault

pp. 028 ~ 029

정답　1 ③　　2 ②　　3 housed　　4 moved to another location

Summary　destroyed, museum, valuables, rebuilt

지문 해석　1945년에 유럽은 제2차 세계 대전 중이었다. 그 해 2월 미국과 영국의 폭격기들이 독일의 도시인 드레스덴을 공격하기 시작했다. 이틀간 그 도시에 폭탄이 떨어져 수많은 사람을 죽이고 수많은 건물을 파괴했다. 이 공격으로 드레스덴성은 심하게 파손되었고, 그린 볼트에 있는 세 개의 방은 파괴되었다.

　그린 볼트는 원래 1700년대 초에 강건왕 아우구스투스에 의해 지어졌다. 그는 드레스덴을 예술의 중심지로 만들었고 많은 귀중한 소장품들을 드레스덴성에 전시했다. 이로 인해 그린 볼트가 만들어졌는데, 그것은 유럽 최초의 공립 박물관이었다.

　그린 볼트에 있는 방들은 그 자체가 인상적인 바로크 건축 작품이었다. 그 방들은 호박, 금, 은, 보석, 수정과 상아로 만들어진 귀중품들을 소장하고 있었다. 또한 세계에서 가장 크고 가장 아름다운 녹색 다이아몬드인 드레스덴 그린을 보관하고 있었다.

　폭격기들이 그린 볼트의 일부를 파괴했지만 소장품은 다른 장소로 옮겨졌기 때문에 무사했다. 그러나 보물들은 소련군에 탈취되어 1958년에서야 드레스덴에 반환되었다. 박물관은 후에 재건되었고, 오늘날에는 아우구스투스가 만든 방들을 재현해 놓은 역사적인 그린 볼트와 새로운 그린 볼트의 두 부분으로 되어 있다. 그 박물관은 파리, 런던, 로마 또는 베니스에 있는 다른 박물관들만큼 유명하지는 않지만, 그럼에도 불구하고 소장품의 아름다움에 관해서는 그 박물관들과 견줄 만하다.

1 그린 볼트는 유럽 최초의 공립 박물관이라고 했다. (9~10행)

　[문제] 그린 볼트에 관한 설명이 맞지 <u>않는</u> 것은?

　　① 그것은 제2차 세계 대전 때 일부 파괴되었다. (4~6행)

② 그것은 원래 18세기 초에 강건왕 아우구스투스에 의해 만들어졌다. (7~8행)

③ 그것은 유럽에서 가장 큰 공립 박물관이었다. (언급되지 않음)

④ 그것은 두 구역에 보관된 많은 보물들을 소장하고 있다. (18~20행)

⑤ 그것은 파리와 런던에 있는 박물관들보다 덜 유명하다. (20~22행)

2 그린 볼트에 있는 방들에 소장된 귀중품들은 호박, 금, 은, 보석, 수정과 상아로 만들어졌다고 했다. (12~13행)

[문제] 글에 따르면 그린 볼트에 있는 물품들의 재료가 아닌 것은?
① 금 ② 나무 ③ 은 ④ 보석 ⑤ 상아

3 contain은 '~이 들어 있다, 포함하다'라는 뜻이므로, 동사로 '보관하다, 소장하다'라는 뜻으로 쓰이는 house와 같은 의미이다. (12행)

[문제] 밑줄 친 ⓐ contained와 같은 의미를 가진 단어를 글에서 찾으시오.

4 폭격기들이 그린 볼트의 일부를 파괴했지만 소장품은 다른 장소로 옮겨졌기 때문에 무사했다고 했다. (15~16행)

[문제] 그린 볼트에 있는 보물들이 제2차 세계 대전 때 파괴되지 않은 이유는 무엇인가?
→ 그것들은 다른 장소로 옮겨졌었다.

Summary

박물관	재건된	파괴된	귀중품들

드레스덴성에 있는 그린 볼트는 제2차 세계 대전 때 일부가 파괴되었다. 그린 볼트는 1700년대 초에 강건왕 아우구스투스에 의해 지어졌다. 그것은 유럽 최초의 공립 박물관이었고 많은 종류의 귀중품들을 소장하고 있었다. 소장품은 소련군에 탈취되었다. 1958년에 드레스덴에 전부 반환되었고 박물관은 후에 재건되었다.

구문 해설

8행 He **made Dresden a center for the arts** and *had lots of valuable possessions put* on display in Dresden Castle.
- made Dresden a center for the arts는 「make+목적어+목적격보어(명사)」의 5형식 구문으로, '~을 …로 만들다'라고 해석한다.
- had lots of valuable possessions put에서 put은 had의 목적격보어로 쓰인 과거분사이다. 「have+목적어(사물)+과거분사」는 '~가 …되게 하다'라는 의미이지만, '~을 …하다'로 해석하는 것이 자연스럽다.

11행 The rooms in the Green Vault were **themselves** impressive works of baroque architecture.
- themselves는 강조 용법으로 쓰인 재귀대명사이다.

20행 While the museum is **not as** famous **as** others in Paris, London, Rome, or Venice, it nonetheless rivals them with regard to the beauty of its collection.
- 'not as ~ as…'는 '…만큼 ~하지 않은'이라는 뜻으로, 원급 비교 구문인 'as ~ as…(…만큼 ~한)'의 부정형이다. the museum is not as famous as others는 비교급을 사용하여 the museum is less famous than others로 바꾸어 쓸 수 있다.

Focus on Sentences

p. 030

A
1 남수단 사람들은 대체 팔과 다리를 만드는 방법을 배우고 있다.
2 뽁뽁이는 1960년부터 물건이 깨지지 않게 해 왔다.
3 그 휴일은 1975년에 유엔이 기념하기 시작했을 때 변하기 시작했다.
4 폭격기들이 그린 볼트의 일부를 파괴했지만 소장품은 다른 장소로 옮겨졌기 때문에 무사했다.

B **1** When you open the package, you <u>find the item you ordered wrapped in a kind of plastic.</u>

2 The number of customers for this transparent product <u>has increased</u> around the world.

3 Men frequently <u>give the women in their lives small gifts</u> and express their thanks to them.

C **1** They put two shower curtains together and <u>sealed</u> them <u>shut</u>.

2 Augustus the Strong had lots of valuable possessions <u>put</u> on <u>display</u> in Dresden Castle.

3 The museum nonetheless rivals them <u>with regard to</u> the beauty of its collection.

p. 031

유형 도전 ③

변형 문제 모든 장애물은 우리 상황을 향상시키기 위한 기회를 제공한다.

지문 해석 매우 부유하고 호기심 많은 왕이 있었다. 이 왕은 길 한 가운데 커다란 돌을 놓아두게 하였다. 그리고 그는 누군가 이 거대한 돌을 길에서 치우려고 하는지를 보기 위해서 근처에 숨었다. 그가 실망스럽게도, 많은 사람들이 지나갔지만, 그 중 누구도 이 돌을 움직이려고 하지 않았다. 그들은 단지 그 주변으로 돌아갔다. 마침내 한 농부가 왔다. 그냥 그 주변으로 돌아가는 대신 그는 그 돌을 길가로 치우려고 했다. 그것은 많은 노력이 들었지만, 그는 마침내 성공했다. 그리고 그는 길 위의 돌이 있었던 자리에 돈주머니가 있는 것을 보았다. 그 농부는 돈주머니를 열었다. 그 돈주머니는 금화로 가득 차 있었고, 왕의 메모가 있었다. 그 메모에는 그 돈주머니의 금은 그 돌을 길에서 치운 사람을 위해 그가 준비한 보상이라고 쓰여 있었다. 그는 그 농부에게 우리 중 많은 사람들이 알지 못한 것을 보여주었다. 즉, 모든 장애물은 우리 상황을 향상시키기 위한 기회를 제공한다는 것이다.

문제 해설 길 위의 돌이 있었던 자리에 돈주머니가 있는 것을 발견한 사람은 왕이 아닌 농부이므로, ③은 농부를 지칭하고, 나머지는 모두 왕을 지칭한다.

변형 문제 이 글에서 제시하는 교훈은 글의 마지막 부분인 every obstacle presents an opportunity to improve our condition이다. (9~10행)

구문 해설 **1행** This king **had** a huge boulder **placed** in the middle of a road.

　　　• 「have + 목적어 + p.p.」의 구문은 '~가 … 하도록 시키다'의 의미이다.

　　　6행 Then, he **saw** a purse **lying** in the road [*where the boulder had been*].

　　　• 지각 동사 see의 목적 보어 자리에 현재분사인 lying이 나왔다.

　　　• 관계 부사 where가 이끄는 절은 the road를 수식하는 관계절이다.

　　　8행 The note said the purse's gold was a reward [**he had prepared for the person** {*who moved the boulder from the road*}].

　　　• [　]로 표시된 부분은 a reward를 수식하는 관계절이다.

　　　• {　}로 표시된 부분은 the person을 수식하는 관계절이다.

09 Artificial Glaciers

pp. 034 ~ 035

정답 1 ② 2 ④ 3 ④ 4 Ladakh has not always been like this
5 rainy, disappeared, artificial

지문 해석 사람들은 흔히 인도를 열대 우림의 땅이라고 생각한다. 그것은 그 나라의 일부 지역에는 맞는 말이지만, 최북단 지역은 산으로 에워싸여 있다. Ladakh(라다크)라고 불리는 이 지역도 추운 사막이다. 매년 고작 10센티미터쯤 비가 내린다.

하지만 Ladakh가 항상 이랬던 것은 아니다. 과거에는 봄에 비가 내렸다. 그러다가 여름과 가을에는 먼 산의 빙하와 눈이 녹았다. 그 물이 Ladakh에 도달했고, 그곳에서 사람들은 농작물에 물을 주기 위해 그 물을 사용했다. 최근 수십 년간 우기는 대부분 사라졌고 빙하의 크기는 더 작아졌다.

오늘날 인근에 빙하가 하나도 없기 때문에 Ladakh 사람들은 그들 자신만의 해결책을 내놓았다. 그들은 빙하를 직접 만들었다. 1987년에 Chewang Norphel이라는 이름의 한 기술자가 아이디어를 냈다. 그는 녹은 빙하 물을 담아 둘 수 있는 산의 어떤 장소를 발견했다. 도관과 벽을 이용하여 그는 다량의 물을 웅덩이에 모았다. 그것은 높이가 4천 미터가 넘었기 때문에 기온이 추웠다. 이것은 물이 얼게 했다. 그것이 Ladakh 최초의 인공 빙하였다.

오늘날 Ladakh에는 4개의 인공 빙하가 있고, 과거에는 몇몇 다른 빙하들이 있었다. 그곳의 많은 마을에서는 나무들이 자라고 농작물 또한 잘 자란다. 그리고 그곳의 많은 사람들은 이제 Norphel을 '아이스 맨'이라고 부른다.

문제 해설 **1** 인도의 Ladakh라는 지역에서 인공 빙하를 만들어 물 부족 문제를 해결한 방법에 관해 소개하고 있으므로, ② '정말로 멋진 아이디어'가 글의 제목으로 가장 적절하다.
① 인도의 농업
③ Chewang Norphel
④ Ladakh 사람들
⑤ 인도의 빙하

2 Chewang Norphel은 Ladakh 최초의 인공 빙하를 만든 사람으로 언급되었다. (11~13행)
① 그는 Ladakh에서 농사를 시작했다.
② 그는 자신을 '아이스 맨'이라고 불렀다.
③ 그는 인근 호수의 물을 모았다.
④ 그는 Ladakh에 최초의 인공 빙하를 만들었다.
⑤ 그는 Ladakh 사람들에게 공학 기술을 가르쳤다.

3 Ladakh에 최초의 인공 빙하가 만들어진 후 많은 마을에서 나무들이 자라고 농작물도 잘 자란다고 했으므로, ④ '사람들은 나무와 농작물이 잘 자라게 하기 위해 그것을 사용한다.'는 것을 알 수 있다. (20~21행)

[문제] Ladakh의 최초의 인공 빙하에 관해 추론할 수 있는 것은?
① 그것은 더 이상 그곳에 존재하지 않는다.
② 그것은 시간이 흐르면서 더 커졌다.
③ 그것은 겨울철에는 사라진다.
⑤ Ladakh 사람들은 그것을 더 이상 필요로 하지 않는다.

4 '항상 ~인 것은 아닌'이라는 뜻은 부분부정(not always)을 사용하여 표현한다.

5 Ladakh의 우기는 대부분 사라졌다. 그래서 사람들은 인공 빙하를 만들어 물을 얻었다.

Ladakh has **not always** been like this though.
· not always는 부분부정을 나타내어 '항상 ~인 것은 아닌'이라고 해석한다.

7행 The water found its way to Ladakh, **where** people used it *to water* their crops.
· where는 계속적 용법으로 쓰인 관계부사이다. 관계사의 계속적 용법은 선행사에 대한 부가적인 정보를 제공하므로 해석은 관계사 앞의 절부터 한다.
· to water는 to부정사의 부사적 용법으로 목적을 나타낸다. 여기서 water는 '물을 주다'라는 뜻의 동사로 쓰였다.

13행 He found a place in the mountains **where** he could capture water from melted glaciers.
· where는 장소를 나타내는 관계부사로, 여기서는 한정적 용법으로 쓰였기 때문에 where가 이끄는 형용사절이 선행사를 수식하는 구조로 해석한다.

10 The Man with the Golden Arm

pp. 036 ~ 037

정답 1 ④   2 ⑤   3 ②   4 헌혈하기 위해 병원을 방문하는 것   5 blood, antibody, babies

지문 해석

사람이 다른 사람의 목숨을 구할 때 사람들은 그 사람을 흔히 영웅이라고 부른다. 그렇다면 수백만 명의 목숨을 구하는 사람은 무엇이라고 부르는가?

호주 사람인 James Harrison은 14세 때 수술을 받아야 했다. 살아남기 위해서 그는 많은 양의 피가 필요했다. 그는 자신의 목숨을 살린 피를 기증했던 모든 사람들을 결코 잊지 않았다. 그는 성인이 되었을 때 헌혈을 함으로써 자신의 생존을 도운 모든 사람들에게 은혜를 갚기로 결심했다. 그는 비록 주삿바늘이 무서웠지만 호주의 병원을 방문하기 시작했다.

그는 1950년대에 그것을 하기 시작했다. 그러다가 1960년대에 연구원들은 놀라운 사실을 발견했다. 그들은 Harrison 씨의 혈액에 희귀한 항체가 들어 있다는 것을 알았다. 그것은 안티-D라고 불리는 약을 만드는 데 사용될 수 있는 것이었다. 그것은 태아를 죽일 수도 있는 질병을 치료하기 위해 임신부에게 제공된다. 일부 추산에 따르면 임신한 호주 전체 여성의 약 17퍼센트가 안티-D 주사를 필요로 한다.

연구원들은 Harrison 씨를 찾아내서 그에게 안티-D 프로그램에 참여해 달라고 요청했다. 그는 동의했고 최초의 기증자가 되었다. 그때 이후로 그는 호주 전역에서 헌혈을 해 오고 있다. 그의 피는 240만 명이 넘는 아기들의 생명을 구한 것으로 추산된다. 그 자신의 딸도 그의 선행의 덕을 보았다. 이제 81세인 Harrison 씨는 더 이상 헌혈을 할 수 없다. 그러나 호주 사람들은 그를 진짜 슈퍼 영웅으로 여긴다.

문제 해설

1 자신의 혈액에 희귀한 항체가 있다는 것을 알고 수십 년 동안 헌혈을 통해 수많은 아기들의 생명을 살린 James Harrison에 관해 소개하고 있으므로, ④ '매우 귀중한 혈액을 가진 남자'가 글의 주제로 가장 적절하다.
① 희귀한 항체
② 안티-D 프로그램
③ 다른 사람들에게 혈액을 기증하는 방법
⑤ 호주의 아기들에게 영향을 끼치는 문제

2 ⑤ 과거시제(donated)는 과거의 특정 시점에 일어난 행위를 나타내는데, 여기서는 과거의 어느 시점부터(since then) 현재까지 계속되는 동작을 나타내므로 현재완료 시제로 표현하는 것이 옳다. 따라서 donated를 has donated로 고친다.
[문제] 글의 밑줄 친 부분 중, 어법상 틀린 것은?
① 선행사(the blood)가 사물일 때 주격 관계대명사는 which 또는 that을 쓰므로 관계대명사 that이 쓰인 것은 적절하다.
② 전치사 by의 목적어로 동명사 donating이 쓰인 것은 적절하다.
③ a medicine과 수동의 관계이므로 과거분사 called가 쓰인 것은 적절하다.
④ ask는 목적격보어로 to부정사를 취하는 동사이므로 to take가 쓰인 것은 적절하다.

3 안티-D는 Harrison 씨의 혈액 속 항체로 만들었으므로, ② '그것은 몸에서 자연적으로 만들어진다.'가 글의 내용과 일치하지 않는다. (13~15행)

① 그것은 희귀한 항체로 만들어진다. (13~15행)

③ 그것은 임신부에게 제공된다. (15~16행)

④ 어떤 여성들은 아기를 살리기 위해 그것이 필요하다. (15~17행)

⑤ 임신한 호주 여성의 약 17퍼센트가 그것을 필요로 한다. (16~17행)

4 doing that은 헌혈하기 위해 병원을 방문하는 것을 가리킨다.

5 James Harrison의 혈액에는 안티-D를 만드는 데 사용되는 희귀한 항체가 들어 있어서 그는 (혈액) 기증으로 수백만 명의 아기들을 살렸다.

구문 해설

7행 He never forgot about all the people [*who* donated the blood] [*that* saved his life].

• 첫 번째 [ ]은 all the people을 수식하는 형용사절이고, 두 번째 [ ]은 the blood를 수식하는 형용사절이다.

• 선행사가 사람일 때는 관계대명사 who 또는 that을 쓰고, 사물일 때는 which 또는 that을 쓴다.

16행 According to some estimates, **around 17% of all Australian women** who get pregnant **need** Anti-D injections.

• 17%와 같은 부분을 나타내는 명사는 of 뒤에 오는 명사의 수에 동사를 일치시킨다. of 뒤에 복수명사가 오면 복수동사를 쓰고, 단수명사가 오면 단수동사를 쓴다. 여기서는 all Australian women이라는 복수명사가 왔기 때문에 복수동사인 need가 쓰였다.

19행 **Since** then, he **has donated** blood all across Australia.

• has donated는 현재완료의 계속 용법으로, then부터 지금까지 계속되는 일을 나타낸다. 현재완료의 계속은 주로 since, for 등과 함께 쓰인다.

11 Procrastination

pp. 038 ~ 039

정답 1 ④ 2 ③ 3 (1) F (2) T 4 put off 5 working → to work

지문 해석   선생님이 3주 이내에 제출해야 하는 과제를 내주신다. 당신은 그것을 즉시 하는가, 아니면 나중에 하는가? 많은 사람들이 미루고 마지막 순간까지 기다렸다가 숙제를 끝낸다. 미루는 습관은 많은 사람들에게 골칫거리이다. 그러나 모든 사람이 단순히 게으르거나 혹은 그 일을 하고 싶지 않기 때문에 미루는 것은 아니다. 미루는 사람들은 실제로 몇 가지 부류가 있다.

어떤 사람들은 완벽주의자이다. 그들은 실수하는 것을 두려워해서 너무 많은 시간을 과제의 일부분에 집중한다. 그 결과, 그들은 시간을 잘 관리하지 못해 과제를 끝내기 위해 서둘러야 한다. 아이러니하게도 이것은 완벽주의자들이 실수를 저지르는 결과를 초래한다.

다른 사람들은 사기꾼이다. 그들은 어떤 일을 할 자격이 안 된다고 생각하여 그 일을 하는 것을 그저 미룬다. 두려움에 가득 찬 사람들은 일을 하는 것이 지루하거나 즐겁지 않다고 생각한다. 그래서 그들은 일을 싫어하기 때문에 미룬다. 일에 짓눌린 사람들은 해야 할 일이 너무 많다고 생각해서 어디에서부터 시작할지 모른다. 그 결과 그들은 아무 것도 하지 않는다. 그리고 행운아들은 스트레스를 받을 때 일을 더 잘한다고 믿는다. 그래서 그들은 막판까지 기다렸다가 과제를 끝낸다.

대부분의 경우에 미루는 습관은 사람들에게 문제를 일으키지만, 그들은 그것을 중단하는 법을 배울 수 있다. 미루는 습관을 극복하는 것은 우선 당신이 어떤 부류의 미루는 사람인지 결정하는 것을 필요로 한다. 그것을 아는 순간 당신은 미루는 것을 멈추고 더 빨리 일하기 위한 조치를 취할 수 있다. 그러면 당신은 당신의 삶에서 미루는 습관을 없앨 수 있다.

1 다섯 가지 부류의 일을 미루는 사람들에 관해 소개하고 있으므로, ④ '미루는 사람들의 여러 부류'가 글의 주제로 가장 적절하다.

[문제] 글의 주제로 가장 적절한 것은?
① 완벽주의자와 사기꾼
② 미루는 습관을 중단하는 가장 좋은 방법
③ 미루지 않는 것의 중요성
⑤ 미루는 습관이 사람들에게 미치는 영향

2 스트레스를 받을 때 일을 더 잘한다고 믿는 부류는 행운아이다. (14~16행)

3 (1) 일을 싫어하기 때문에 미루는 부류는 두려움에 가득 찬 사람들이다. (11~13행)
(2) 미루는 습관을 극복하기 위해서는 우선 자신이 어떤 부류의 미루는 사람인지 결정해야 한다고 했다. (18~20행)
(1) 사기꾼들은 일을 싫어하기 때문에 미룬다.
(2) 미루는 습관을 극복하기 위해 당신은 자신이 어떤 부류의 미루는 사람인지 아는 것이 중요하다.

4 delay는 '미루다, 연기하다'라는 뜻이므로 put off와 같은 의미이다. (11행)

[문제] 밑줄 친 ⓐdelay와 같은 의미를 가진 어구를 글에서 찾으시오.

5 to stop making delays와 working more quickly가 병렬구조로 연결되어 steps를 수식하는 형태가 되는 것이 문맥에 적합하므로, working을 to work로 고친다.

구문 해설

9행 Ironically, this results in **perfectionists** making mistakes.
• perfectionists는 전치사 in의 목적어로 쓰인 동명사 making의 의미상의 주어이다. 동명사의 의미상의 주어가 문장의 주어와 다를 때는 동명사 바로 앞에 의미상의 주어를 밝혀 주는데, 인칭대명사의 경우에는 소유격의 형태로 나타낸다.

18행 Overcoming procrastination first **involves determining** *which type of procrastinator you are*.
• involve는 동명사를 목적어로 취하는 동사이다. 이외에 이 글에서 언급된 동명사를 목적어로 취하는 동사에는 put off(미루다, 연기하다), delay(미루다, 연기하다), stop(멈추다, 중단하다)이 있다.
• which type of procrastinator you are는 간접의문문으로, 「의문사+주어+동사」의 어순에 유의한다.

20행 Once you know that, you can take steps **to stop making delays** and **to work more quickly**.
• to stop making delays와 to work more quickly가 접속사 and에 의해 병렬구조로 연결되어 steps를 수식하고 있다.

12 Smart Cities

pp. 040 ~ 041

정답 1 ⑤ 2 ④ 3 crowd control, parking 4 efficient

Summary technologies, Internet of Things, electronic devices, usage

지문 해석 당신은 밤에 도시의 어두운 거리를 혼자서 걷고 있다. 당신이 걸어갈 때 머리 위의 가로등은 길을 밝혀 주기 위해서 하나씩 켜진다. 당신이 버스 정류장에 도착하면 버스가 불과 2분 후에 도착한다. 버스는 당신이 내릴 곳에 도착할 때까지 정차하지 않고 초록불을 몇 개 지나쳐서 달린다. 오늘 당신이 운이 좋았던 것은 아니다. 당신은 그저 스마트 도시에 살고 있다.

현대 기술 덕분에 스마트 도시가 머지 않아 전 세계에 만들어질 것이다. 그것은 도시를 더 효율적으로 만들기 위해 정보 통신 기술을 이용할 것이다. 그것은 대부분의 전자 기기를 인터넷으로 서로 연결하게 될 사물 인터넷과 인공지능 덕분에 이렇게 할 수 있을 것이다.

스마트 도시는 단순히 가로등을 켜졌다 꺼지게 하고, 버스 도착 시간을 통제하고, 신호등을 더 효율적으로 만드는 것만은 아니다. 그것은 또한 원활한 교통 흐름을 위해 혼잡한 도로에서 차들을 다른 방향으로 보냄으로써 교통 체증이 더 이상 일어나지 않도록 도울 것이다. 그것은 또한 쓰레기 수거, 전기와 물 사용량, 그리고 도시 지역의 여러 문제들의 수리를 제어할 것이다.

몇몇 지역은 이미 스마트 도시 기술을 이용하고 있다. 아랍에미리트의 두바이는 교통 정리에 스마트 도시 기술을 이용하고, 싱가포르는 군중 통제와 주차에 그것을 이용한다. 그리고 스페인의 바르셀로나는 대중교통에서 무료 와이파이를 제공한다. 사생활 문제와 해커에 관한 우려가 있지만, 스마트 도시의 지지자들은 장차 그러한 문제들을 해결하기를 바란다.

문제 해설

1 사물 인터넷, 인공 지능 등 정보 통신 기술을 이용해 도시를 더 효율적으로 만드는 미래의 스마트 도시가 구체적으로 어떤 일들을 하게 될지 소개하고 있으므로, ⑤ '도시들이 어떻게 스마트 도시 기술을 이용할 것인가'가 글의 주제로 가장 적절하다.

　[문제] 글의 주제로 가장 적절한 것은?
　　　① 전 세계의 스마트 도시
　　　② 스마트 도시를 건설하는 비용
　　　③ 스마트 도시를 만드는 가장 좋은 방법
　　　④ 사람들이 스마트 도시를 원하는 이유

2 ④ '사람들을 태우기 위해 택시를 보내는 것'은 스마트 도시가 하는 일로 언급되지 않았다.

　[문제] 스마트 도시가 하지 <u>않는</u> 일은?
　　　① 가로등을 켜고 끈다 (11행)
　　　② 교통을 정리한다 (12~14행)
　　　③ 쓰레기 수거를 돕는다 (14~15행)
　　　⑤ 도시의 문제들을 수리한다 (15~16행)

3 싱가포르는 군중 통제와 주차에 스마트 기술을 이용한다고 했다. (18~19행)

　[문제] 싱가포르는 스마트 시티 기술을 어떻게 이용하는가?
　　　→ 그곳은 <u>군중 통제와 주차</u>에 스마트 시티 기술을 이용한다.

4 '재료, 시간 또는 에너지를 낭비하지 않고 원하는 결과를 얻을 수 있는'이라는 뜻을 가진 단어는 efficient(효율적인, 능률적인)이다. (8행)

　[문제] 다음 주어진 뜻을 가진 단어를 글에서 찾아 쓰시오.

Summary

전자 기기들	기술들	사용량	사물 인터넷

스마트 도시는 정보 통신 <u>기술</u>을 이용하므로 매우 효율적일 것이다. 그것은 <u>전자 기기들</u>을 조작하기 위해 <u>사물 인터넷</u>과 인공 지능을 이용할 것이다. 그것은 교통, 쓰레기 수거, 전기와 물 <u>사용량</u>, 그리고 여러 문제들의 수리를 제어할 것이다. 두바이, 싱가포르와 바르셀로나 같은 몇몇 지역은 이미 스마트 도시 기술을 이용하고 있다.

구문 해설

3행 The bus passes through several green lights without stopping until you arrive at the place **(where)** you get off.
　• the place 뒤에는 장소의 관계부사 where가 생략되어 있다.

8행 They will be able to do this **thanks to the Internet of Things**, *which will connect most electronic devices to one another over the Internet*, and **artificial intelligence**.
　• thanks to의 목적어는 the Internet of Things와 artificial intelligence이다.
　• 계속적 용법의 관계대명사 which가 이끄는 절이 삽입된 형태이다.

12행 They will also **help ensure** that traffic jams become a thing of the past by redirecting traffic from busy streets *so that* it flows smoothly.
　• help는 「help+목적어+(to)동사원형」이나 목적어 없이 「help+(to)동사원형」의 형태로 쓰인다.
　• so that은 '~할 수 있도록'이라는 뜻의 목적을 나타내는 접속사이다.

A
1 이것은 물이 얼게 했다.
2 그것은 태아를 죽일 수도 있는 질병을 치료하기 위해 임신부에게 제공된다.
3 모든 사람이 단순히 게으르기 때문에 미루는 것은 아니다.
4 현대 기술 덕분에 스마트 도시가 머지 않아 전 세계에 만들어질 것이다.

B
1 People often think of India as a land of rainforests.
2 When a person saves the life of another individual, people call him or her a hero.
3 Overcoming procrastination first involves determining which type of procrastinator you are.

C
1 The people of Ladakh came up with their own solution.
2 His own daughter has even benefitted from his generosity.
3 Many people procrastinate and wait until the last minute to complete their work.

Try It! 수능

p. 043

유형 도전 ③
변형 문제   말하는 사람에게 오직 한 단어 대답만으로 응답하게 한다.

───

지문 해석   질문 기술을 발전시키는 것은 여러분이 토론 중인 주제에 대한 분명한 이해를 명료하게 하고 발전시키는 데 있어서 도움을 준다. 한 사람이 자신의 감정이나 견해를 표현하는 어떤 대화에서든 질문은 중요하다. 회의 시간 중에 하는 너무 많은 질문은 심문처럼 보일 수 있으며, 방어적인 태도로 이어질 수 있다. 사람들에게서 대답을 이끌어내는 유도 심문은 피해야 한다. 듣는 사람에게 여러분이 이미 그 대답이 무엇이어야 하는지를 결정했다는 인상을 남길 것이다. 폐쇄형 질문은 말하는 사람에게 오직 한 단어 대답만으로 응답하게 한다. 이런 질문들이 귀중한 정보, 명료함 또는 중심점을 얻기 위해서 사용될 수 있지만, 이것을 과도하게 사용하는 것은 피해야 한다. 판매 환경에서, 폐쇄형 질문을 사용하는 것은 해로울 수 있다. 즉, 여러분은 긍정적인 양방향 의사소통을 만들 필요가 있다.

문제 해설   ③ 내용상 의문사 what이 나와서 what the answer should be(그 대답이 무엇이어야 하는지)가 되어야 한다.
① Developing your questioning skills는 동명사구 주어이므로, 단수 동사인 assists가 나오는 것이 적절하다.
② 관계부사 where가 앞에 나온 any conversation을 수식하고 있으므로, 어법상 옳다.
④ 「주어 + be used to do」는 수동태 구문으로 '~가 … 하는데 사용되다'의 의미로, 쓰임이 적절하다.
⑤ need to do 구문은 '~할 필요가 있다'의 의미로, 쓰임이 적절하다.

변형 문제   'Closed questions allow the speaker to respond with only one-word answers.'에서 답을 찾을 수 있다. (6~7행)

구문 해설   **3행** Too many questions in a session may **seem** *like an interrogation* and **lead** to defensiveness.
• 동사 seem과 lead가 조동사 may 다음에 연결된다.
• 「seem like + 명사」는 '~처럼 보이다'의 의미이다.

4행 Leading questions [**that put answers into people's mouths**] should be avoided.
• [ ]로 표시된 부분은 Leading questions를 수식하는 관계절이다.

9행 In a sales environment, **it** can be harmful [**to use closed questions**].
• it은 형식상의 주어이고, [ ]로 표시된 to부정사구가 내용상의 주어이다.

13 The Origins of Coats of Arms

정답   1 ④   2 ③   3 (1) F (2) T   4 ⓐ symbols ⓑ coats of arms

5 twelfth, symbols, specific

지문 해석   많은 나라, 단체, 클럽 그리고 가문의 상징을 보아라. 그것은 흔히 어떤 방식으로 배열된 여러 색상과 그림이 그려져 있다. 이것은 각각 문장(紋章)이다. 그것은 문장학 분야에 속하는데, 문장학은 중세 유럽에서 개발되었다.

12세기에 기사들은 흔히 완전 무장을 하고 서로 싸웠다. 그들은 머리를 포함하여 전신에 보호용 판금 갑옷을 입었다. 그래서 갑옷을 입고 있을 때 기사의 신분을 식별할 방법이 없었다. 어떤 기사들은 방패에 상징을 그리기 시작했다. 다른 기사들은 갑옷 위에 입는 코트에 그것을 그렸는데, 이런 연유로 이 상징들이 문장이라고 불리게 되었다.

유럽의 왕, 기사 그리고 귀족들은 모두 문장을 가지고 있었다. 그것은 여러 가지 색상과 상징이 그려져 있었다. 각각의 문장은 구체적인 의미를 담고 있었다. 예를 들어, 자주색은 왕족을 상징했고 금색은 권력을 의미했고 빨간색은 군사력을 나타냈다. 파란색의 경우 충성, 진실과 힘을 나타냈다. 동물도 문장으로 자주 사용되었다. 사자와 야생 돼지는 용맹을 상징했다. 여우는 교활함을 나타냈고 코끼리는 막강한 권력을 의미했다.

어떤 문장들은 단순한 반면 다른 것들은 더 복잡했다. 각 가문은 문장을 대대로 물려주었다. 결국 나라들도 자체적인 문장을 개발했다. 이것은 이 단체들의 구성원들이 소속감을 갖게 해 준다. 그래서 그것은 사람들을 더욱 결속시킨다.

문제 해설   **1** 주어진 문장은 동물이 처음 언급되는 문장 앞인 ④에 들어가는 것이 가장 자연스럽다.

2 마지막 단락에서 각 가문은 문장을 대대로 물려주었다고 했다. (18행)

[문제] 가문은 문장으로 무엇을 했는가?
① 그들은 그것을 다른 가문에 팔았다.
② 그들은 그것에 사용된 색을 바꾸었다.
③ 그들은 그것을 후대에 물려주었다.
④ 그들은 그것에 동물이나 다른 무늬를 추가했다.
⑤ 그들은 자신들이 시작한 회사나 단체에 그것을 사용했다.

3 (1) 12세기에 기사들이 신분을 식별하기 위해 방패와 코트에 상징을 그린 것이 문장의 시작이며 곧 유럽의 왕, 기사, 귀족들이 문장을 가지게 되고 결국 나라들도 문장을 개발하게 되었다고 했다. (2~3 단락)
(2) 사자와 야생 돼지는 용맹을 상징했다고 했다. (15행)
(1) 오직 나라들만이 자체적인 문장을 가지고 있었다.
(2) 사자와 야생 돼지는 둘 다 용맹의 상징이었다.

4 ⓐ them은 symbols를 가리키고, ⓑ They는 coats of arms를 가리킨다.

5 문장은 12세기 동안 개발되었고, 그것에 사용된 색과 상징은 모두 구체적인 의미를 지니고 있었다.

구문 해설   **5행** In the twelfth century, knights often fought one another **while in full armor**.
· while in full armor는 '완전 무장을 하고서'라는 뜻으로, while 뒤에는 they (= knights) were가 생략되었다.

9행 Others painted them on the coat they wore over their armor, **which** caused these symbols to be called coats of arms.
· which는 계속적 용법의 관계대명사로, 앞의 절 전체를 선행사로 받는다.

17행 Some coats of arms were simple **while** others were more complicated.
· while은 대조를 나타내는 접속사로 '~인 데 반하여'라는 뜻으로 쓰였다.

14 Texas Safaris

정답   1 ④   2 ③   3 ⑤   4 an African safari   5 Texas, exotic animals, tourists

지문 해석   광활한 평원 위로 해가 서서히 진다. 기린 가족은 인근 나무의 잎을 뜯어먹는다. 타조 한 마리가 평원을 뛰어다닌다. 저 멀리 가젤 떼가 풀을 뜯고 있는 것이 보인다. 들리는 소리라고는 관광객들이 동물을 구경할 때 그들의 카메라에서 나는 찰칵 하는 소리뿐이다. 그들은 텍사스에서 사파리를 즐기고 있다.

이것은 아프리카에서 볼 수 있는 광경처럼 들릴지도 모르지만, 그것은 실제로 미국의 텍사스주에서 벌어지고 있다. 텍사스는 크기가 어마어마한 주여서, 일부 지역의 기후와 땅은 사자, 코끼리, 기린, 가젤과 같은 몸집이 큰 동물들이 사는 아프리카 지역과 유사하다. 그 결과, 온갖 종류의 이국적인 동물들이 주 전역의 목장에서 살고 있는 것을 볼 수 있다.

목장 주인들은 수십 년 동안 이국적인 동물들을 수입해 오고 있다. 호랑이는 인기 동물 중 하나이다. 보도에 따르면 텍사스에는 3천 마리가 넘는 호랑이들이 살고 있다. 사자, 치타와 코뿔소는 다른 인기 동물이다.

이러한 목장들의 목적은 무엇일까? 어떤 목장 주인들은 그저 동물을 기르고 그들에게 보금자리를 제공해 주는 것을 좋아한다. 다른 사람들은 관광객들의 목장 방문을 허용하는데, 그곳에서 그들은 마치 사파리 여행을 하는 것처럼 행동할 수 있다. 당신이 아프리카의 사파리 여행을 가고 싶지만 아프리카에 갈 돈이 없다면 대신 텍사스에 가라. 그곳은 실제와 거의 흡사할 것이다.

문제 해설   1 미국의 텍사스주에서 즐길 수 있는 사파리 여행을 소개하며 이곳에서 볼 수 있는 여러 동물들에 관해 언급하고 있으므로, ④ '텍사스에 살고 있는 야생 동물'이 글의 주제로 가장 적절하다.
① 아프리카의 동물들이 사는 동물원
② 아프리카의 사파리는 어떠한가
③ 텍사스에서 목장 주인이 되는 방법
⑤ 아프리카와 텍사스의 기후

2 온갖 종류의 이국적인 동물들이 텍사스 전역의 목장에서 살 수 있는 이유는 텍사스 일부 지역의 기후와 땅이 아프리카 지역과 유사하기 때문일 것이므로, ③ contrast(대조하다, 대비하다)를 resemble(닮다, 비슷하다)과 같은 단어로 고친다.

3 하마는 텍사스에서 사파리를 즐길 수 있는 목장에 사는 동물로 언급되지 않았다.
[문제] 글에 따르면 텍사스의 목장에서 살지 <u>않는</u> 동물은 무엇인가?
① 기린 ② 가젤 ③ 치타 ④ 코뿔소 ⑤ 하마

4 the real thing은 '실물, 진짜'라는 뜻이므로 앞 문장의 an African safari를 가리킨다.

5 텍사스의 많은 목장 주인들은 사자, 코끼리, 기린과 호랑이 같은 <u>이국적인 동물</u>들이 있는 목장을 가지고 있는데, 그들 중 일부는 관광객들이 목장 방문하는 것을 허용한다.

구문 해설   **2행** In the distance, a herd of gazelles can **be seen grazing**.
• 지각동사가 쓰인 문장을 수동태로 바꿀 때 능동태의 목적격보어(현재분사)는 수동태에서 변화 없이 그대로 동사 뒤에 위치한다.

11행 Ranchers **have been importing** exotic animals to Texas *for* decades.
• have been importing은 현재완료 진행형으로, 과거에 시작된 일이 현재에도 계속 진행 중임을 강조할 때 쓴다.
• 현재완료의 계속 용법처럼 since, for 등과 자주 함께 쓰인다.

16행 Some ranchers simply like raising animals and **giving them homes**.
• giving them homes는 「give+간접목적어+직접목적어」의 4형식 문장으로, raising animals와 같이 동사 like의 목적어로 쓰였다.

19행 If you ever want to go on an African safari but **cannot afford** a trip to Africa, go to Texas instead.

・cannot afford는 '~을 살[할] 돈이 없다'라는 뜻으로 뒤에 목적어로 명사나 to부정사가 온다.
　(ex. We **can't afford to** buy a new car. 우리는 새 차를 살 돈이 없다.)

15　Theo van Gogh

pp. 050 ~ 051

정답　1 ④　　2 ①　　3 ②　　4 purchase and exhibit works of men such as Claude Monet
5 exhibit

지문 해석　　역사상 가장 유명한 화가들 중 한 명은 Vincent van Gogh(빈센트 반 고흐)였다. 그는 「별이 빛나는 밤」과 「해바라기」 같은 그림들로 잘 알려져 있다. 그 그림들 중 몇몇은 수천만 달러에 팔렸다. 그러나 그는 생전에 그림 단 한 점을 400프랑에 간신히 판매한 실패한 화가였다. 그렇다면 그는 수입도 없이 어떻게 화가의 길을 갈 수 있었을까?
　　Vincent van Gogh는 남동생인 Theo van Gogh의 지원을 받았다. Vincent가 둘 중 형이었지만, 더 형답게 행동했던 사람은 Theo였다. 그는 Vincent에게 화가가 되도록 격려했고, 형에게 경제적인 지원을 해 주었다. 그는 심지어 캔버스와 그림물감 같은 그림 재료들을 구입해서 Vincent에게 보냈다.
　　Theo 자신은 여러 인상파 화가들의 인기를 높이는 일을 맡은 미술상이었다. 예를 들어, 그는 자신의 고용주가 Claude Monet(클로드 모네) 같은 사람들의 작품을 구입해서 전시하도록 권유했다. 하지만 미술계를 정말로 바꾼 것은 자신의 형에 대한 그의 격려였다.
　　Theo는 Vincent에게 수백 통의 편지를 썼다. 그는 형이 정신적인 문제들을 다루는 것을 도왔고, 판매 부진에도 불구하고 격려를 보냈다. Vincent가 걱정거리들을 말했을 때, Theo는 열심히 들었고 조언을 해 주었다. Theo의 사랑과 지원이 없었더라면 Vincent가 훌륭한 화가가 되었을지 의심스럽다. 이 형제는 사이가 너무나 가까워 Theo는 Vincent가 죽은 지 불과 6개월 후에 죽었다.

문제 해설　1 ④ 「it is ~ that...」 강조구문에서 강조하는 대상이 사람일 경우 that 대신 who를 쓸 수 있지만, 여기서는 강조하는 대상이 his brother가 아니라 his encouragement이므로 who를 that(which)으로 고쳐야 한다.
　　① sell for는 '(얼마에) 팔리다'라는 뜻으로 수동태로 해석되지만 능동태로 나타내므로 have sold가 쓰인 것은 적절하다.
　　② of the two와 같은 어구에 의해 한정될 때는 비교급 앞에도 정관사 the를 붙이므로 the older가 쓰인 것은 적절하다.
　　③ himself는 Theo를 강조하기 위해 쓰인 재귀대명사이다.
　　⑤ 뒤에 명사(lack)가 온 것으로 보아 '~에도 불구하고'라는 뜻의 전치사 despite가 쓰인 것은 적절하다.

2 Vincent van Gogh가 둘 중 형이었다고 했으므로, ① '그는 Vincent의 형이었다.'가 글의 내용과 일치하지 않는다.
　　② 그는 Vincent에게 화가가 되도록 격려했다. (8행)
　　③ 그는 Vincent를 경제적으로 지원했다. (8~9행)
　　④ 그는 미술상으로 일했다. (11~12행)
　　⑤ 그는 Vincent에게 많은 편지를 썼다. (15행)

3 형제의 사이가 너무나 가까워 Theo는 Vincent가 죽은 지 불과 6개월 후에 죽었다고 했으므로, Vincent의 죽음이 그의 사망에 영향을 미쳤을 것으로 추론할 수 있다. (20~21행)
　　[문제] Theo van Gogh에 관해 추론할 수 있는 것은?
　　　　① 그는 Vincent가 「해바라기」를 그리는 것에 도움을 주었다.
　　　　② 그의 사망 원인 중 하나는 Vincent의 죽음이었다.
　　　　③ 그와 Vincent는 프랑스에서 잠시 함께 살았다.
　　　　④ 그는 Vincent가 죽은 후에 그의 그림을 많이 팔았다.
　　　　⑤ 자신이 직접 그린 그림 몇 점이 미술품 수집가에게 팔렸다.

4 Theo van Gogh는 자신의 고용주가 Claude Monet 같은 사람들의 작품을 구입해서 전시하도록 권유하는 방식으로 여러 인상파 화가들의 인기를 높이는 일을 맡았다고 했다. (11~13행)

Q Theo van Gogh는 어떻게 인상파 화가들의 인기를 높였는가?

A 그는 자신의 고용주가 <u>Claude Monet 같은 사람들의 작품을 구입해서 전시하도록 권유</u>했다.

5 '그림, 조각품 등을 사람들이 볼 수 있게 만들다'라는 뜻을 가진 단어는 exhibit(전시하다, 진열하다)이다. (13행)

[문제] 다음 주어진 뜻을 가진 단어를 글에서 찾아 쓰시오.

구문 해설

1행 **One** of history's most famous artists **was** Vincent van Gogh.
- 문장의 주어는 artists가 아니라 one이므로 단수동사인 was가 쓰였다. 「one of + 복수명사」가 주어로 쓰이면 단수 취급하는 것에 유의한다.

7행 While Vincent was **the older of the two**, *it was* Theo *who* acted more like a big brother.
- 비교급 앞에는 the를 붙이지 않지만, of the two와 같은 어구에 의해 한정될 때는 비교급 앞에 정관사 the를 붙인다.
- 「it is ~ that...」은 '~은 바로 …이다'라는 뜻의 강조구문으로, 강조하는 대상이 사람일 경우 that 대신 who를 쓸 수 있다.

11행 Theo **himself** was an art dealer who was responsible for increasing the popularity of various Impressionist artists.
- himself는 Theo를 강조하기 위해 쓰인 재귀대명사이다. 강조 용법으로 쓰인 재귀대명사는 강조되는 명사 바로 뒤 또는 문장 맨 뒤에 오고 생략이 가능하다.

20행 *So close were the brothers that* Theo died only six months after Vincent himself passed away.
- 'The brothers were so close that Theo died ~.'에서 so close가 강조되어 문두에 쓰이면서 주어와 동사가 도치된 형태이다.
- 「so + 형용사/부사 + that ~」은 '매우 ~해서 …하다'라는 뜻이다.

16 Untact Marketing

pp. 052 ~ 053

정답 1 ② 2 ④ 3 *un, contact* 4 provide shoppers with two types of baskets

Summary interactions, Low-tech, High-tech, virtual

지문 해석 요즘에는 사람들이 흔히 다른 사람들과 있는 것보다 전자 기기를 더 편하게 생각한다. 이러한 이유로 비대면 마케팅(untact marketing)이 한국에서 인기를 끌고 있다. untact라는 단어는 not을 의미하는 *un*과 *contact*(접촉)의 합성어이다. 그것은 판매자와 직접 대면하지 않는 소통을 선호하는 구매자들을 위해 만들어졌다. 비대면 마케팅 덕분에 사람들은 누군가를 상대하지 않고도 쇼핑을 할 수 있다.

한국의 상점들은 비대면 마케팅 환경을 만들기 위해 단순한 해결책과 최첨단 해결책을 둘 다 사용한다. 예를 들어, 몇몇 상점들은 손님에게 두 가지 종류의 바구니를 제공한다. 하나는 손님이 혼자 쇼핑하는 것을 선호함을 보여 주는 라벨이 붙어 있다. 나머지 하나는 손님이 도움을 받고 싶어 함을 나타내는 라벨이 붙어 있다.

최첨단 해결책과 관련해서 몇몇 상점들은 스마트 테이블을 이용한다. 고객은 상품을 스마트 테이블 위에 내려놓기만 하면 된다. 그러면 테이블의 화면에 그 상품에 관한 정보가 가득 나타난다. 일부 화장품 가게에는 고객용 스마트 거울이 비치되어 있다. 그것은 어울리는지를 보기 위해 손님이 립스틱을 가상으로 발라 보게 한다. 스마트 거울은 또한 고객의 피부와 어떤 종류의 크림을 사용해야 하는지에 관해 결정할 수 있다. 다른 상점에서는 손님이 가상 선반을 둘러보게 한다. 그들은 온라인으로 상품을 구매하기 위해 전화기로 QR 코드를 스캔한 다음 상품을 집으로 배송시킨다.

이러한 기술 혁신 덕분에 비대면 마케팅을 사용하고 있는 상점이 점점 많아지고 있고, 한국에서 인기를 얻고 있다. 머지 않아 상품은 판매하지만 판매원은 한 명도 없는 상점이 많아질지도 모른다.

문제 해설

1 판매자와 직접 대면하지 않고도 쇼핑을 할 수 있는 비대면 마케팅에 관해 소개하고 있으므로, ② '혼자 쇼핑하는 새로운 방법'이 글의 제목으로 가장 적절하다.

[문제] 글의 제목으로 가장 적절한 것은?
  ① 스마트 테이블과 스마트 거울
  ③ 한국의 온라인 상점들
  ④ 비대면 마케팅의 단순한 방법들
  ⑤ 한국에서 가장 인기 있는 상점들

2 비대면 마케팅의 단순한 해결책의 예시로 손님에게 라벨이 붙은 두 가지 종류의 바구니를 제공하는 것이 언급되었다. (8~9행)

[문제] 일부 상점들은 단순한 비대면 마케팅을 어떻게 사용하는가?
  ① 손님이 QR 코드를 스캔하게 함으로써
  ② 손님을 위해 스마트 테이블을 비치함으로써
  ③ 상품이 진열된 가상 선반을 제작함으로써
  ④ 손님에게 라벨이 붙은 바구니를 제공함으로써
  ⑤ 손님에게 스마트 거울을 제공함으로써

3 *untact*라는 단어는 not을 의미하는 *un*과 *contact*(접촉)의 합성어라고 했다. (3~4행)

[문제] *untact*라는 단어는 무엇의 합성어인가?
  → 그것은 not을 의미하는 *un*과 *contact*의 합성어이다.

4 '제공하다'라는 뜻의 동사 provide는 「provide+사람+with+사물」의 형태로 쓰이는 것에 유의한다.

[문제] 주어진 단어들을 바르게 배열하여 빈칸을 채우시오.

Summary

최첨단의	가상의	단순한	소통

비대면 마케팅은 판매자와 직접 대면하지 않는 <u>소통</u>을 선호하는 한국의 구매자들을 위한 것이다. untact라는 단어는 not을 의미하는 *un*과 *contact*의 합성어이다. 단순한 해결책과 최첨단 해결책이 둘 다 있다. <u>단순한</u> 해결책은 라벨이 붙어 있는 바구니를 포함한다. <u>최첨단</u> 해결책은 스마트 테이블, 스마트 거울과 <u>가상</u> 선반을 포함한다. 비대면 마케팅은 한국에서 인기를 얻고 있다.

구문 해설

1행 These days, people are frequently **more comfortable** with electronic devices **than** they are with other individuals.
  • '~보다 더 …한'이라는 뜻의 「비교급+than」 비교 구문이 쓰였다.

9행 **One** has a label *indicating that the shopper would prefer to be left alone*. **The other** has a label *stating that the shopper would like to receive assistance*.
  • 둘 중 하나는 one, 나머지 하나는 the other로 나타낸다.
  • indicating that the shopper would prefer to be left alone과 stating that the shopper would like to receive assistance는 각각 앞의 명사인 a label을 수식하는 현재분사구이다.

16행 Smart mirrors can also make determinations about customers' skin and **what types of creams they should use**.
  • what types of creams they should use는 「의문사+주어+동사」의 간접의문문이다.

18행 They scan QR codes with their phones to purchase the items online and then **have the products delivered** to their homes.
  • 「have+목적어+과거분사」는 '(다른 사람에 의해) ~가 되게 …하다, ~을 …시키다'라는 뜻이다.

A
1 이것은 각각 문장(紋章)이다.
2 다른 사람들은 관광객들의 목장 방문을 허용하는데, 그곳에서 그들은 마치 사파리 여행을 하는 것처럼 행동할 수 있다.
3 Theo의 사랑과 지원이 없었더라면 Vincent가 훌륭한 화가가 되었을지 의심스럽다.
4 고객은 상품을 스마트 테이블 위에 내려놓기만 하면 된다.

B
1 These help the members of these groups develop a sense of belonging.
2 In the distance, a herd of gazelles can be seen grazing.
3 So close were the brothers that Theo died only six months after Vincent himself passed away.

C
1 For instance, gold meant power, and red stood for military power.
2 He managed to sell a single painting for 400 francs.
3 Smart mirrors can make determinations about what types of creams the customers should use.

Try It! 수능   p. 055

유형 도전 ③
변형 문제   누군가 꿀이나 설탕으로 초콜릿을 달게 만드는 아이디어를 내놓음

지문 해석   스페인 탐험가인 Hernan Cortez는 1518년 멕시코에 상륙했을 때 초콜릿을 마신 최초의 유럽 사람이 되었다. 그는 별로 감명을 받지 않았다. 누군가 꿀이나 설탕으로 초콜릿을 달게 만드는 아이디어를 내놓은 이후에야 비로소 초콜릿은 구세계에서 인기를 얻었다. 한 네덜란드 화학자가 초콜릿 원액에서 가루를 얻는 방법을 개발한 1828년에야 비로소 고형의 초콜릿이 나타났다. 고형의 밀크 초콜릿은 1866년에 Henri Nestle에 의해서 소개되었으며, 최초의 초콜릿 사탕은 몇 년 후에 John Cadbury에 의해서 시판되었다. 17세기 유럽에서 액상의 초콜릿은 영양분이 있고, 심지어 약효가 있다고 여겨졌다. 나중에 대부분의 카카오가 설탕이 들은 초코바로 섭취된 이후에야 초콜릿은 건강에 좋다는 명성을 잃게 되었다. 초콜릿은 1990년대까지 맛있지만 건강에 나쁘다고 계속 여겨졌다. 그러나 최근의 과학은 초콜릿 또는 어쨌든 카카오는 건강에 정말 좋으며 아마도 심지어 약효가 있다는 것을 밝혀냈다.

문제 해설   마시는 밀크 초콜릿이 아니라 고형의 밀크 초콜릿이 1866년 Henri Nestle에 의해서 소개되었다고 했으므로, 선택지 ③은 글의 내용과 일치하지 않는다. (5~7행)

변형 문제   'Chocolate became popular in the Old World only after someone came up with the idea of sweetening it with honey or sugar.'에서 답을 찾을 수 있다. (2~3행)

구문 해설   **4행** Solid chocolate did not come along until 1828, [**when a Dutch chemist developed a way to make a powder from chocolate liquor**].
• 관계 부사 when이 이끄는 관계절은 앞에 나온 1828을 수식하고 있다.

8행 **Only** later, when most cacao was consumed in sugary candy bars, **did** chocolate lose its healthful reputation.
• only가 문장 앞으로 나오면서, 조동사 did가 주어인 chocolate 앞으로 나오는 도치가 일어났다.

9행 Chocolate **continued to *be*** *thought to be* delicious but bad for health until the 1990s.
• continue to do는 '계속 ~하다'의 의미이다.
• 'be thought to be ~'는 '(주어)는 ~라고 여겨지다'의 의미이다.
• delicious와 bad가 be동사의 보어로 사용되었다.

17 Brazilian Wish Ribbons

pp. 058 ~ 059

정답 1 ④   2 ④   3 ⑤   4 necks, medallions, religious images   5 luck, color, tied

지문 해석 어느 문화권에서나 사람들은 미신을 믿는다. 그들은 특히 행운과 불운을 믿는다. 일부 문화권의 사람들은 네 잎 클로버를 지니고 있는 것이 그들에게 행운을 가져다 줄 수 있다고 믿는다. 마찬가지로 어떤 사람들은 거울을 깨뜨리는 것이 7년 동안 불운을 가져올 수 있다고 주장한다. 브라질에서는 바히아 팔찌가 그것을 차고 있는 사람들에게 행운을 가져다 준다고 한다.

바히아 팔찌를 끼는 전통은 200년 넘게 전해 내려오고 있다. 원래 그 팔찌는 *fitas* 또는 *bonfim* 리본이라고 불렸다. 그 당시 그 팔찌는 그 위에 은이나 잉크로 글이 새겨진, 실크로 만든 리본이었다. 사람들은 그것을 목에 둘렀고 그것에 메달 모양의 보석이나 종교적인 이미지를 붙였다.

오늘날 대부분의 브라질 사람들은 손목이나 발목에 바히아 팔찌를 한다. 그들은 또한 그것을 모자와 가방에 달고, 심지어 집안에 그것을 걸어 둔다. 모든 경우에 그것은 신뢰와 행운을 둘 다 상징한다.

팔찌의 색과 묶는 방법 둘 다 중요하다. 각각의 색은 특별한 의미를 지니고 있다. 빨간색은 활력과 열정을 의미하는 반면, 초록색은 삶과 부활을 상징한다. 게다가 담청색은 사랑과 평화를 나타내고, 노란색은 성공과 지혜를 의미한다. 바히아 팔찌를 사람에게 채울 때는 매듭을 세 번 묶는다. 각각의 매듭을 묶을 때 팔찌를 찬 사람은 소원을 빈다. 그런 다음 그 사람은 팔찌가 저절로 끊어질 때까지 차고 있어야 한다. 이렇게 하면 세 가지 소원이 모두 이루어진다. 그러나 팔찌를 자르는 것은 불운을 초래한다.

문제 해설 1 네 번째 단락에서 바히아 팔찌의 색이 어떤 의미를 지니고 있는지 색상별로 설명하고 있으므로, ④ '그것의 색은 특별한 의미를 지니고 있다.'가 글의 내용과 일치한다.
① 그것은 네 잎 클로버가 인쇄되어 있다.
② 그것은 은이나 금으로 만들어졌다.
③ 그것은 사람들에게 선물로 제공된다.
⑤ 그것은 매듭을 두 번 묶는다.

2 ①, ②, ③, ⑤는 Bahia Bands를 가리키는 반면, ④는 Brazilians를 가리킨다.

3 오늘날 대부분의 브라질 사람들은 바히아 팔찌를 손목 또는 발목에 차거나, 모자와 가방에 달거나 집안에 걸어 둔다고 했다. (11~13행)

[문제] 글에 따르면 오늘날 브라질 사람들이 바히아 팔찌를 하지 <u>않는</u> 곳은 어디인가?
① 손목 ② 발목 ③ 가방 ④ 집 ⑤ 자동차

4 바히아 팔찌를 끼는 전통은 200년 넘게 전해 내려오고 있는데, 당시에는 사람들이 그것을 목에 둘렀고 그것에 메달 모양의 보석이나 종교적인 이미지를 붙였다고 했다. (6~10행)

Q 과거에 사람들은 바히아 팔찌로 무엇을 했는가?
A 그들은 바히아 팔찌를 <u>목</u>에 둘렀고 그것에 <u>메달 모양의 보석</u>이나 <u>종교적인 이미지</u>를 붙였다.

5 브라질의 바히아 팔찌는 행운을 빌기 위해 만들어졌고, 그것의 <u>색</u>과 <u>묶는</u> 방법은 중요하다.

구문 해설 **6행** The tradition **of** wearing Bahia Bands goes back more than 200 years.
• of는 동격 관계를 나타내어 '~이라는'이라고 해석한다.

7행 At that time, they were ribbons made of silk **with writing on them done in silver or with ink**.
• 「with+명사+분사」는 부대상황의 분사구문으로, '~가 …한 채로'라고 해석한다. 여기서는 명사(writing)와 분사가 수동의 관계이므로 과거분사(done)가 쓰였다.

12행 They also **put them on** their hats and bags and even **hang them up** inside their homes.
- put on, hang up과 같이 「동사＋부사」로 이루어진 구동사의 경우 목적어가 명사일 때는 부사 앞이나 뒤 둘 다 올 수 있지 만, 목적어가 대명사일 때는 반드시 동사와 부사 사이에 와야 한다.

20행 Cutting **one** off, however, *brings* bad luck.
- one은 a Bahia Band를 가리킨다.
- 동명사구가 주어로 쓰이면 단수 취급하므로 단수형인 brings가 쓰였다.

18 Truffles
pp. 060 ~ 061

정답   1 ④   2 ④   3 ③   4 ⓐ desired ⓑ served   5 mushrooms, aromas, tastes

지문 해석   일부 음식점에서 당신은 메뉴판에서 송로버섯이 들어 있는 요리를 보았을지도 모른다. 당신은 아마도 가격을 보고 그 요리가 그 음식점에서 가장 비싼 음식이라는 것을 알았을 것이다. 당신은 송로버섯이 무엇이고 어디에서 나는지 아는가?

송로버섯은 땅속 약 30센티미터에서 자라는 매우 희귀한 버섯이다. 그것은 나무 뿌리와의 친밀한 관계(공생) 때 문에 자랄 수 있다. 자라는 장소 때문에 그것은 발견하기가 매우 어렵다. 대부분의 송로버섯 채취자들은 훈련 받은 돼지나 개를 사용하여 그것을 발견한다. (돼지는 송로버섯을 발견하자마자 먹는다.) 그 동물들은 송로버섯의 진한 향 때문에 땅속에서 그것을 찾아낼 수 있다.

전 세계에 많은 종류의 송로버섯이 있다. 가장 비싼 것은 매우 희귀하고 어떤 좋은 향이 나는 것들이다. 프랑스 에서 자라는 페리고드 송로버섯과 이탈리아의 피에몬테 송로버섯이 가장 값비싼 송로버섯 중 두 가지이다. 첫 번째 것의 무게는 최대 1킬로그램에 달할 수 있는 반면, 두 번째 것은 약 0.5킬로그램일 수 있다. 오리건 화이트 송로버 섯, 중국 송로버섯 그리고 여름 송로버섯이 사람들이 즐기는 세 가지 다른 종류이다.

송로버섯을 그렇게 값비싸게 만드는 것은 바로 그 향이다. 그것은 또한 사람들이 원하는 독특한 맛을 가지고 있 다. 송로버섯은 조리 과정에서 맛이 변하기 때문에 보통 날것으로 제공된다. 그것은 흔히 얇게 썰거나 강판에 갈아 요리, 소스와 수프 위에 올린다. 그것은 또한 치즈, 버터, 오일, 달걀과 잘 어울린다. 송로버섯의 독특한 맛과 희소성 은 그것을 요리계의 다이아몬드로 만든다.

문제 해설   1 송로버섯을 땅속에서 찾아내기 위해 훈련된 돼지나 개의 후각을 이용하는 것이므로, ④ '돼지는 송로버섯을 발견하자마자 먹는다.'라는 문장은 글의 흐름에 맞지 않다.

2 송로버섯이 요리에 어떻게 사용되는지는 마지막 단락에 언급되어 있다. 송로버섯은 조리 과정에서 맛이 변하기 때문에 보통 날것으로 제공된다고 했다. (18~19행)

[문제] 글에 따르면 송로버섯은 보통 어떻게 제공되지 <u>않는</u>가?
① 날것으로
② 얇게 썰어서 소스에 올리는 것으로
③ 강판에 갈아 수프 위에 올리는 것으로
④ 음식으로 조리하여
⑤ 달걀과 함께 겸해서

3 송로버섯을 가장 많이 생산하는 나라가 어디인지는 글에서 언급되지 않았다.
① 송로버섯은 어디에서 자라는가? (4~5행)
② 송로버섯은 어떻게 발견되는가? (7행)
③ 송로버섯의 최대 생산국은 어디인가? (언급되지 않음)
④ 송로버섯이 그렇게 비싼 이유는 무엇인가? (17행)
⑤ 송로버섯은 어떻게 사용되는가? (19~21행)

4 ⓐdesire가 수식하는 taste와 수동의 관계이므로 과거분사인 desired를 써야 한다.

ⓑ주어인 truffles와 수동의 관계이므로 수동태로 표현해야 한다. 따라서 과거분사인 served를 써야 한다.

5 송로버섯은 그것을 매우 값비싸게 만드는 진한 향과 독특한 맛을 가진 희귀한 버섯이다.

구문 해설

1행 At some restaurants, you **might have noticed** a dish with truffles on the menu.
- 「might+have+p.p.」는 '~이었을지도 모른다'라는 의미로, 과거의 불확실한 추측을 나타낸다.

6행 Because of where they grow, they are extremely difficult **to find**.
- to find는 to부정사의 부사적 용법으로 앞의 형용사 difficult를 꾸며 준다. 'They are extremely difficult to find.'는 가주어 it을 사용하여 'It is extremely difficult to find them.'으로 바꾸어 쓸 수 있다.

21행 The unique tastes and rareness of truffles **make them the diamonds of the culinary world**.
- 「make+목적어+목적격보어(명사)」의 5형식 구문으로, '~을 …로 만들다'라고 해석한다.

19 Sherpas

pp. 062 ~ 063

정답 1 ①   2 ④   3 (1) T (2) T   4 act as porters on climbs   5 adaptation

지문 해석

1953년에 Sir Edmund Hillary(에드먼드 힐러리 경)는 에베레스트산을 등반함으로써 세계에서 가장 높은 꼭대기에 최초로 도달한 사람이 되었다. 많은 사람들은 당시 그가 혼자가 아니었다는 사실을 알지 못한다. 그 대신에 그는 Tenzing Norgay(텐징 노르가이)와 함께 있었는데, 그는 그 산을 두 번째로 등반한 사람이 되었다. Norgay는 Hillary가 등반할 때 그를 도와준 셰르파였다.

사람들은 티베트와 네팔에 있는 히말라야의 등반을 시도할 때 셰르파의 도움을 구한다. 예전에는 셰르파가 네팔에 사는 사람들의 한 무리에 불과했다. 그러나 오늘날 그 이름은 등반 시 짐꾼 역할을 하는 사람들을 가리킨다. 셰르파는 여러 가지 면에서 등반객들을 돕는다. 그들은 캠프를 설치하고 음식을 요리하고 무거운 짐을 나르고 산을 오르내리는 동안 안내자 역할을 한다.

누구나 셰르파가 될 수 있지만 가장 뛰어난 셰르파는 히말라야 지역 출신들이다. 한 과학적 연구에 따르면 그 지역에 사는 사람들은 수천 년 동안 유전적으로 적응해 왔다. 기본적으로 그들의 몸은 높은 고도에서 잘 살 수 있도록 바뀌었다. 이것이 셰르파를 훌륭한 등반객으로 만든다.

몇몇 셰르파들은 여러 차례 에베레스트산 등반에 성공했다. Kami Rita(카미 리타)는 그 산을 22번 등반했던 경험을 바탕으로 안내를 한다. 히말라야에는 해발 8천 미터가 넘는 다른 산들이 있다. 셰르파들은 그 산들을 전부 정복했다. 애석하게도 모든 셰르파들이 등반에 성공한 것은 아니다. 지금까지 에베레스트산을 오르다 죽은 사람은 225명이 넘는다. 그 중 1/3이 셰르파였다.

문제 해설

1 세계 최초로 에베레스트산의 정상에 오른 Sir Edmund Hillary의 경우를 통해 셰르파가 어떤 사람이고 어떤 역할을 하는지 소개하고 있으므로, ① '셰르파와 그들의 역할'이 글의 주제로 가장 적절하다.

② 셰르파가 사는 장소

③ Kami Rita와 Tenzing Norgay

④ 히말라야에 오르는 것의 위험성

⑤ 에베레스트산에 오른 최초의 셰르파

2 여러 차례 에베레스트산 등반에 성공한 것은 모든 셰르파가 아니라 몇몇 셰르파라고 했으므로, ④ '모든 셰르파가 에베레스트산을 여러 차례 등반했다.'가 틀린 설명이다.

[문제] 글에 따르면 셰르파에 관한 설명이 맞지 <u>않는</u> 것은?

① 그들은 네팔에 산다. (7~8행)

② 그들은 자주 무거운 짐을 산 위로 나른다. (10행)

③ 그들의 몸은 높은 고도에 적응해 왔다. (13~14행)

⑤ 그들은 8천 미터 높이의 많은 산을 등반했다. (19~20행)

3 (1) 1953년에 Sir Edmund Hillary가 세계에서 가장 높은 꼭대기에 최초로 도달했을 때 그는 혼자가 아니라 셰르파인 Tenzing Norgay와 함께 있었다고 했다. (1~5행)

(2) Kami Rita는 에베레스트산을 22번 등반했던 경험을 바탕으로 안내를 한다고 했다. (18~19행)

(1) Tenzing Norgay는 세계에서 가장 높은 산의 정상에 Sir Edmund Hillary와 동행했다.

(2) Kami Rita는 20회 이상 에베레스트산을 등반했다.

4 오늘날 셰르파라는 이름은 등반 시 짐꾼 역할을 하는 사람들을 가리킨다고 했다. (8~9행)

Q 셰르파라는 이름은 오늘날 무엇을 가리키는가?

A 그것은 <u>등반 시 짐꾼 역할을 하는</u> 사람들을 가리킨다.

5 '식물 또는 동물이 특정한 장소나 상황에 더 잘 살 수 있게 만드는 변화'라는 뜻을 가진 단어는 adaptation(적응)이다. (14행)

[문제] 다음 주어진 뜻을 가진 단어를 글에서 찾아 쓰시오.

구문 해설

12행 While anyone can be a Sherpa, the best **ones** come from the Himalaya region.
• ones는 Sherpas 대신에 쓰인 부정대명사이다.

18행 Kami Rita leads the way by **having climbed** the mountain twenty-two times.
• 에베레스트산을 22번 등반한 것이 안내하는(leads) 것보다 이전에 일어난 일이다. 이처럼 문장의 시제보다 앞서 일어난 일을 나타낼 때는 「having+p.p.」 형태의 완료 동명사를 쓴다.

20행 Sadly, **not all** Sherpas are successful.
• not all은 '모두 ~인 것은 아닌'이라는 뜻으로 부분 부정을 나타낸다.

22행 **One-third of them were** Sherpas.
• 분수가 주어로 쓰일 경우 of 뒤에 오는 명사의 수에 동사를 일치시킨다. 「분수+of+단수명사」가 주어로 오면 단수동사를 쓰고, 「분수+of+복수명사」가 주어로 오면 복수동사를 쓴다.

20 Coding
pp. 064 ~ 065

정답   1 ④   2 ③   3 reading, writing, arithmetic   4 coding

Summary   coding, creativity, confident, Young

지문 해석   수백 년 동안 대부분의 아이들은 읽기, 쓰기, 산수 세 과목을 공부했다. 이 과목들은 각 단어에 R 소리가 들어가기 때문에 3 R's로 알려져 있었다. 이 세 과목을 전부 숙달한 아이들은 교육을 잘 받은 것으로 간주되었다. 사회가 발전하면서 세상은 변했다. 현대 사회는 기술, 특히 컴퓨터에 의존한다. 그래서 요즘 부모들은 아이들이 학교에서 코딩을 배워야 한다고 주장하고 있다.

요즘 미국에서 컴퓨터 프로그래밍이라고도 알려진 코딩을 가르치는 학교는 거의 없다. 그러나 이 중요한 기술을 학생들에게 가르치는 몇몇 단체들이 있다. 그 결과, 전 세계에서 2억 명이 넘는 학생들이 코딩을 배웠다. 그러나 그들의 부모들은 더 많은 것을 원한다. 예를 들어, 미국의 전체 부모 중 90퍼센트 이상이 자녀들이 다니는 학교에서 코딩이 교육과정에 추가되기를 원한다.

코딩은 아이들에게 많은 이점을 제공한다. 우선, 그것은 그들에게 창의력을 가르친다. 교사들은 학생들에게 그들의 상상력을 요구하는 과제를 내줄 수 있다. 이것이 혁신의 비결이다. 모든 새로운 아이디어는 사람들의 생각에서 나온다. 이것은 특히 창의적인 사람들에게 해당된다. 그리고 코딩을 잘하는 아이들은 더욱 자신감을 갖게 된다. 그것은 그들이 다른 수업과 과외 활동을 잘하는 데 도움이 된다.

외국어와 마찬가지로 코딩은 어린 사람들이 잘 배우는 과목이다. 아이들이 더 어릴 때 그것을 배우기 시작하면 할수록 그들은 더 잘한다. 더 많은 학교들이 학생들에게 코딩 수업을 제공할 것으로 기대된다. 그렇게 하는 것은 세상의 미래를 바꿀 수 있을 것이다.

문제 해설

1 (A) 빈칸 앞뒤의 내용은 원인과 결과에 해당하므로, '그 결과, 결과적으로'라는 뜻의 As a result가 적절하다.

(B) 미국 전체 부모의 90퍼센트 이상이 교육과정에 코딩이 추가되기를 원한다는 내용은 부모들이 더 많은 것을 원한다는 것의 한 가지 예에 해당하므로, '예를 들어'라는 뜻의 for instance가 적절하다.

[문제] 글의 빈칸에 들어갈 말로 가장 적절한 것은?
① 그에 반해서 – 예를 들어
② 그에 반해서 – 그럼에도 불구하고
③ 그 대신에 – 다시 말해서
④ 그 결과 – 예를 들어
⑤ 그 결과 – 다시 말해서

2 세 번째 단락에서 코딩이 아이들에게 제공하는 여러 장점에 관해 언급하고 있다.

[문제] 글에 따르면 코딩의 장점이 <u>아닌</u> 것은?
① 학생들은 더욱 창의적인 사람이 된다. (14~15행)
② 학생들은 상상력을 발휘할 수 있다. (15~16행)
③ 학생들은 학교에서 공부하는 것을 더 좋아한다. (언급되지 않음)
④ 학생들은 자신감을 얻는다. (17~18행)
⑤ 학생들은 다른 수업들을 잘한다. (18~19행)

3 3 R's로 알려진 읽기, 쓰기, 산수 세 과목을 전부 숙달한 아이들은 교육을 잘 받은 것으로 간주되었다고 했다. (2~3행)

[문제] 과거에 아이들은 교육을 잘 받은 것으로 간주되기 위해 무엇을 숙달해야 했는가?
→ 그들은 <u>읽기</u>, <u>쓰기</u>와 <u>산수</u>를 잘해야 했다.

4 this important skill은 앞에 나온 coding을 가리킨다.

[문제] 밑줄 친 @this important skill이 가리키는 것은 무엇인가?

- -

Summary

자신감 있는	어린	코딩	창의력

과거에 아이들은 주로 3 R's, 즉 읽기, 쓰기, 산수를 공부했다. 오늘날 세상이 변해 많은 부모들은 아이들이 <u>코딩</u>, 즉 컴퓨터 프로그래밍을 배우기를 원한다. 미국 부모의 90퍼센트가 자녀들의 학교에서 그것을 가르치기를 원한다. 코딩은 학생들에게 <u>창의력</u>을 가르치고, 코딩을 잘하는 학생들은 더욱 <u>자신감</u>을 갖게 된다. <u>어린</u> 사람들이 또한 코딩을 배우는 데 탁월하다.

- -

구문 해설

5행 So parents nowadays are **insisting** that their children **learn** coding at school.
• insist, demand, suggest, recommend 등과 같이 주장·요구·제안을 나타내는 동사 뒤에 오는 that절에는 「should＋동사원형」을 쓰는데, 이때 should는 생략할 수 있다.

14행 First, it **teaches them creativity**.
• teach가 간접목적어(them)와 직접목적어(creativity)의 두 개의 목적어를 갖는 수여동사로 쓰인 4형식 문장이다. 3형식으로 바꾸면 teaches creativity to them이 되는데, teach, give, offer, send 등과 같은 동사는 4형식을 3형식으로 전환할 때 간접목적어 앞에 전치사 to를 붙인다.

22행 **Doing so** could change the future of the world.
• doing so는 앞 문장의 '더 많은 학교들이 학생들에게 코딩 수업을 제공하는 것'을 가리킨다.

Focus on Sentences

A
1 바히아 팔찌가 그것을 차고 있는 사람들에게 행운을 가져다 준다고 한다.
2 송로버섯을 그렇게 값비싸게 만드는 것은 바로 그 향이다.
3 이것이 셰르파를 훌륭한 등반객으로 만든다.
4 아이들이 더 어릴 때 그것을 배우기 시작하면 할수록 그들은 더 잘한다.

B
1 At some restaurants, you might have noticed a dish with truffles on the menu.
2 Several Sherpas have managed to climb Mount Everest multiple times.
3 So parents nowadays are insisting that their children learn coding at school.

C
1 Truffles also go well with cheese, butter, oil, and eggs.
2 Today, Sherpas refer to the people who act as porters on climbs.
3 More than 200 million students around the world have gotten some instruction in coding.

유형 도전 ①
변형 문제 지방 조직

지문 해석 무엇이 먼저 시작되었는지는 분명하지 않다. 인간이 고기를 먹고 나서 사냥하는 능력을 개발했는지 또는 사냥감을 먹기 전에 사냥을 하는 능력을 개발했는지. 어느 쪽이든, 과학자들은 근대 인간의 뇌는 선사시대 인간이 일단 고기를 먹기 시작하자 그 진화를 시작했다고 주장한다. 많은 과학 저널에 따르면, 인간의 뇌는 일단 인간이 동물의 살을 먹기 시작하자 더 커지고 그 적용에 있어서 더 정교해졌다고 한다. 사실, 인간의 뇌는 대부분 지방 조직으로 구성되어 있다. 따라서 인간의 정신은 일단 동물의 지방이 소화되기 시작하자 더 광범위해졌다. 인간이 수렵 채취 집단에서 자리를 잡은 때는 인간이 고기를 먹기 시작하고 사냥 능력을 개발한 이후였다. 그리고 그 집단은 가장 초기의 문명의 예를 발전시킨 인간으로 마침내 진화한 수렵 채취 사회의 선임자가 되었다. 만약 인간이 고기를 먹지 않았다면, 우리는 현대 문명을 갖지 못했을 것이라고 주장될 수 있다.

문제 해설 인간의 뇌가 발달하기 시작한 것은 고기를 먹기 시작한 이후라고 했고, 고기를 먹기 시작한 수렵 채취인들이 가장 초기의 문명을 발전시켰다고 했으므로, 빈칸에는 ① '고기를 먹음'이 적절하다.
② 그들의 뇌를 사용함 ③ 야채를 먹고 삶 ④ 독학함 ⑤ 농업에 종사함

변형 문제 In fact, the human brain is mostly made up of fatty tissue에서 답을 찾을 수 있다. (5~6행)

구문 해설
2행 Either way, scientists argue that the modern human brain began its evolution **once** prehistoric humans began eating meat.
• once(일단 ~하면)가 접속사로 사용되어, 절과 절을 연결하고 있다.

7행 **It is** after humans began eating meat and developed the ability to hunt **when** humans established themselves in hunter-gatherer groups.
• 'It is ~ when' 강조구문이 사용되었으며, after humans began eating meat and developed the ability to hunt가 강조되고 있다.

10행 ~ **if it had not been for** humans consuming meat, we **may** never **have had** modern civilization.
• 과거 사실에 대한 반대 가정을 하고 있으므로, 가정법 과거 완료 구문이 사용되었다.
• 'if it had not been for ~'는 '~이 없었다면'의 의미이다.

21 The @ Symbol

정답   1 ③   2 ⑤   3 ④   4 nobody's name included it, stood for the word "at"
5 최초로 이메일 메시지를 보낸 것

지문 해석   매일 수백만 명의 사람들이 어디에서나 이메일을 보낸다. 그렇게 하기 위해서 그들은 이메일을 보내고 있는 대상의 주소를 입력해야 한다. 이 세상의 모든 이메일 주소는 @이라는 기호를 포함하고 있다. 그것은 공식적으로 commercial at이라고 불리지만, 대부분의 사람들은 그것을 at sign 또는 그냥 at이라고 부른다. 그것이 이메일에서 사용된 것은 비교적 최근의 일이지만, @은 오랜 역사를 가지고 있다.

일부 언어학자들에 따르면 @은 6세기 또는 7세기에 처음 나타났다. 한 필경사가 라틴어 단어인 ad에서 그것을 만들었는데, ad는 (영어의) at, to 또는 toward를 의미한다. 그 필경사는 a와 d를 결합함으로써 @을 만들어 냈다. 다른 사람들은 @이 14세기에 이르러서야 비로소 사용되었다고 주장한다. 교수인 Giorgio Stabile은 그 당시의 문서 몇 가지를 발견했다. @은 그 문서들에서 항아리의 일종인 암포라라고 불리는 양의 단위를 나타내기 위해 사용되었다. 1700년대에는 사람들이 단가를 표시하기 위해서 @을 사용했다. 예를 들어, 10 apples @ 5 pence(사과 10개, 개당 5펜스)식이었다.

오늘날의 사용에 관해 말하자면 그것은 1972년에 일어났다. 그때는 최초의 이메일 메시지가 발송된 때였다. Ray Tomlinson이 그것을 했다. 그것을 보내기 전에 Tomlinson은 이메일 수신인의 위치를 표시해야 했다. 그는 그것에 해당하는 기호를 사용할 필요가 있었다. 그는 두 가지 이유에서 @으로 결정했다. 우선, 어느 누구의 이름에도 그것이 포함되어 있지 않았고, 그것은 또한 at이라는 단어를 의미했다. 그때 이후로 그것은 세계에서 가장 흔히 사용되는 기호들 중 하나가 되었다.

문제 해설   **1** 오늘날 이메일 주소에 사용되는 @이라는 기호가 언제 처음 생겼고 어떤 용도로 사용되어 왔는지 소개하는 글이므로, ③ '@ 기호의 역사'가 글의 주제로 가장 적절하다.
① 이메일의 창시
② Ray Tomlinson의 일생
④ @ 기호가 최초로 사용된 시기
⑤ 이메일 주소에서 @의 중요성

2 주어진 문장은 단가의 예시에 해당하므로 단가에 관해 언급한 문장 뒤인 ⑤에 들어가는 것이 가장 자연스럽다.

3 두 번째 단락과 세 번째 단락에서 @이 어떻게 사용되어 왔는지 언급되어 있다.
[문제] @이 사용된 방법이 아닌 것은?
① at, to 또는 toward를 의미하기 위해 (11~12행)
② 양의 단위를 나타내기 위해 (14~16행)
③ 단가를 표시하기 위해 (16행)
④ 사람의 이름을 나타내기 위해 (언급되지 않음)
⑤ 이메일 주소에 위치를 제공하기 위해 (18~19행)

4 마지막 단락에서 Ray Tomlinson은 어느 누구의 이름에도 @이 포함되어 있지 않았고, @이 또한 at이라는 단어를 의미했기 때문에 이메일 수신인의 위치를 표시하기 위해 @을 사용하기로 결정했다고 했다. (20~21행)
Q Ray Tomlinson이 이메일 수신인의 위치를 표시하기 위해 @을 사용한 이유는 무엇인가?
A 그는 어느 누구의 이름에도 그것이 포함되어 있지 않았고, 또한 at이라는 단어를 의미했기 때문에 그것을 사용했다.

5 did that은 앞 문장에서 언급된 '최초로 이메일 메시지를 보낸 것'을 의미한다.

4행 Every **single** email address in the world includes this symbol: @.
- single은 every의 의미를 강조하기 위해 쓰였다.

11행 A scribe made it from the Latin word *ad*, **which** means "at," "to," or "toward."
- which는 계속적 용법으로 쓰인 관계대명사로, 선행사인 the Latin word *ad*에 대한 부가적인 설명을 제공한다.

14행 @ was used in **them** to show a measure of quantity *called the amphora*, a kind of jar.
- them은 앞 문장의 some documents를 가리킨다.
- called the amphora는 a measure of quantity를 수식하는 과거분사구이다.
- the amphora와 a kind of jar는 동격의 관계이다.

22 Allergies

pp. 072 ~ 073

정답 1 ③ 2 ⑤ 3 ② 4 why has the number of food allergies increased → why the number of food allergies has increased 5 hygiene, exposing, risen

지문 해석 한 남자 아이가 도시락에서 땅콩버터와 잼을 바른 샌드위치를 꺼내 먹기 시작한다. 잠시 후 아이의 피부는 빨개지고 입과 목구멍은 가렵기 시작한다. 목구멍이 조이고 호흡 곤란을 느낀다. 남자 아이는 식품 알레르기가 있다. 그는 땅콩에 알레르기가 있다.

최근 몇 년 동안 식품 알레르기의 수는 엄청나게 증가했다. 땅콩 알레르기가 가장 흔하고 가장 심각한 알레르기에 속한다. 사람들이 자주 알레르기 반응을 보이는 다른 식품들은 우유, 달걀, 나무 견과류, 콩, 밀, 생선 그리고 조개류이다. 식품 알레르기의 수가 최근에 왜 증가했는지 아무도 확실히 알지 못하지만, 그와 관련하여 두 가지 주요 이론이 있다.

하나는 위생 가설이라고 불린다. 과거에 식품 공급은 특히 청결하지 않았다. 그러나 요즈음에는 식품 공급이 엄격하게 규제되어 매우 청결하다. (C) 그 결과, 사람들이 먹는 식품에 유해 세균이 더 적다. (B) 인체의 면역 체계는 죽일 세균이 많지 않기 때문에 대신 사람들이 먹는 특정 식품을 공격한다. (A) 이는 결국 사람들에게서 알레르기 반응을 유발한다.

두 번째 이론은 부모가 자녀를 어렸을 때 특정 식품에 노출시키지 않는다는 것이다. 아이들이 더 나이 들어 땅콩이나 콩 같은 식품을 먹을 때 그들의 몸은 그것을 음식으로 인식하지 않는다. 땅콩, 우유와 조개류 같은 매우 복합적인 단백질에 관해서는 특히 그러하다. 아이들의 면역 체계는 이러한 식품들을 침입자로 간주하고 그것을 공격해서 알레르기 반응을 유발한다.

문제 해설 1 최근 들어 식품 알레르기 수가 크게 증가한 이유를 위생 가설과 부모가 자녀들을 어렸을 때 특정 식품에 노출시키지 않는다는 이론에 근거하여 설명하고 있으므로, ③ '식품 알레르기가 증가하는 이유'가 글의 주제로 가장 적절하다.
① 식품 알레르기를 치료하는 가장 좋은 방법
② 식품 알레르기와 그것을 예방하는 방법
④ 가장 위험한 유형의 식품 알레르기
⑤ 식품 알레르기가 있는지 알 수 있는 몇 가지 방법

2 (C) 요즈음에는 식품 공급이 엄격하게 규제되어 매우 청결하기 때문에 사람들이 먹는 식품에 유해 세균이 더 적고, (B) 세균이 많지 않다 보니 인체의 면역 체계가 대신 사람들이 먹는 특정 식품을 공격해서, (A) 알레르기 반응을 유발한다는 흐름이 되는 것이 문맥에 자연스럽다.

3 ② '사람이 땀을 흘리기 시작한다.'는 식품 알레르기의 증상으로 언급되지 않았다.
[문제] 식품 알레르기의 증상이 <u>아닌</u> 것은?
① 피부가 빨개진다. (2행)
③ 입이 가렵기 시작한다. (2~3행)

④ 목구멍이 조인다. (3행)

⑤ 사람이 호흡 곤란을 겪는다. (3행)

4 why has the number of food allergies increased는 sure의 목적어로 쓰일 수 있는 명사절이 되어야 한다. 따라서 「의문사＋주어＋동사」의 간접의문문 형태인 why the number of food allergies has increased로 고친다.

5 위생 가설과 부모가 자녀들을 어렸을 때 특정 식품에 노출시키지 않는다는 의견은 식품 알레르기의 수가 증가한 이유를 설명해 줄지도 모른다.

구문 해설 **6행** Other foods **(that)** [**people are frequently allergic to**] are milk, eggs, tree nuts, soy, wheat, fish, and shellfish.

- [ ]은 foods를 수식하는 형용사절로 앞에 목적격 관계대명사 that이 생략되어 있다.

10행 One **is called the hygiene theory**.

- 「call＋목적어＋목적격보어」의 5형식 문장을 수동태로 바꾼 것이다. 5형식 문장의 목적격보어는 수동태에서 동사 뒤에 그대로 쓰면 된다.

16행 A second theory is **that** parents are not exposing their children to certain foods at young ages.

- that은 명사절을 이끄는 접속사로, 여기서는 보어 역할을 한다.

17행 When children **do** eat foods such as peanuts or soy at older ages, their bodies do not recognize them as foods.

- do는 동사의 의미를 강조하기 위해 쓰인 조동사로, 주어의 수와 동사의 시제에 따라 「do/does/did＋동사원형」의 형태로 나타낸다.

23 The Ice Bucket Challenge
pp. 074 ~ 075

정답 1 ③   2 ①   3 (1) T (2) F   4 donated money to the charity of their choice   5 viral

지문 해석   2014년에 소셜 미디어에 한 인기 트렌드가 퍼지고 있었다. 사람들은 유튜브, 페이스북과 다른 유사한 플랫폼에 동영상을 올리고 있었다. 동영상은 전부 같은 것을 보여 주었다. 한 사람이 얼음물이 담긴 양동이를 자신의 머리 위에 쏟고 있었다. 이것은 아이스 버킷 챌린지였다.

아이스 버킷 챌린지는 단순하게 시작했다. 한 사람이 다른 사람에게 얼음물이 담긴 양동이를 자신의 머리에 쏟으라고 요구한다. 그러면 요구를 받은 사람은 자선 단체에 기부를 하고 다른 세 사람에게 똑같은 일을 하도록 요구하는 것이다.

처음에 참가자들은 자신들이 선택한 자선 단체에 돈을 기부했다. 그러다가 미국의 골프 선수인 Chris Kennedy가 그 도전에 참여했다. 그는 루게릭병이라고도 알려진 ALS의 퇴치를 돕기 위해 기부하기로 선택했다. 이것이 아이스 버킷 챌린지와 ALS가 연계된 최초의 사례였다.

곧 아이스 버킷 챌린지는 인터넷을 통해 급속도로 퍼졌다. Bill Gates(빌 게이츠), LeBron James(르브론 제임스)와 Oprah Winfrey(오프라 윈프리) 같은 유명인들이 그것에 동참했다. 총 1,700만 명 이상이 페이스북에 동영상을 올렸다. 그 동영상은 4억 4천만 명 이상이 100억 회 넘게 보았다. 더욱이 ALS를 퇴치하기 위해 1억 1,500만 달러가 넘는 돈이 모금되었다. 그 돈은 많은 사람들의 목숨을 앗아간 병의 치료법을 찾는 것을 돕기 위해 사용되고 있다. 이것은 수백만 명의 작은 노력이 어떻게 엄청난 결과를 낳을 수 있는지를 보여 주었다.

문제 해설 **1** 아이스 버킷 챌린지라는 아이디어를 누가 내놓았는지에 관해서는 언급되지 않았다.

[문제] 글을 읽고 답할 수 없는 질문은?

① 아이스 버킷 챌린지는 언제 시작되었는가? (1~2행)

② 사람들은 어떻게 아이스 버킷 챌린지를 하는가? (7~10행)

③ 누가 아이스 버킷 챌린지를 제안했는가? (언급되지 않음)

④ 누가 아이스 버킷 챌린지에 참여했는가? (16~17행)

⑤ 얼마나 많은 사람들이 자신들의 챌린지 동영상을 페이스북에 올렸는가? (17~18행)

2 얼음물을 뒤집어쓰고 기부를 하는 작은 노력들이 1억 1,500만 달러 모금이라는 엄청난 결과를 낳았으므로, 빈칸에는 ① '작은 – 엄청난'이 들어가는 것이 가장 적절하다.

② 작은 – 즉각적인 ③ 공동의 – 흥미로운 ④ 필사적인 – 엄청난 ⑤ 필사적인 – 흥미로운

3 (1) 아이스 버킷 챌린지에 참여한 미국의 골프 선수 Chris Kennedy는 ALS의 퇴치를 돕기 위해 기부하기로 선택했는데, 이것이 아이스 버킷 챌린지와 ALS가 연계된 최초의 사례였다. (12~15행)

(2) 루게릭병이라고도 알려진 ALS를 퇴치하기 위해 1억 1,500만 달러가 넘는 돈이 모금되었다고 했다. (19~20행)

(1) Chris Kennedy는 아이스 버킷 챌린지와 ALS를 최초로 연계시킨 사람이었다.

(2) 아이스 버킷 챌린지는 암 연구를 위해 수백 만 달러를 모금하는 것을 도왔다.

4 처음에 참가자들은 자신들이 선택한 자선 단체에 돈을 기부했다고 했다. (11행)

Q 아이스 버킷 챌린지 참가자들은 처음에 누구에게 돈을 기부했는가?

A 처음에 참가자들은 자신들이 선택한 자선 단체에 돈을 기부했다.

5 '특히 인터넷을 통해 많은 사람들에게 매우 빠르게 퍼지는'이라는 뜻을 가진 단어는 viral(바이러스처럼 퍼지는)이다. (16행)

[문제] 다음 주어진 뜻을 가진 단어를 글에서 찾아 쓰시오.

구문 해설

4행 The videos all showed the same thing: a person was **getting a bucket of ice water dumped** on his or her head.

• 「get+목적어(사물)+과거분사」는 '~가 되게 …하다'라는 뜻이다. get은 사람이 목적어로 올 때는 「get+목적어+to-v」의 형태로 쓰여 '~로 하여금 …하게 하다'라는 뜻을 갖는다.

12행 He chose to donate **to help** defeat ALS, also known as Lou Gehrig's Disease.

• to help는 to부정사의 부사적 용법으로 '돕기 위해서'라는 뜻의 목적을 나타낸다.

19행 **Even better**, more than $115 million dollars was raised to fight ALS.

• even은 비교급의 의미를 강조하는 부사이다. 여기서 even better는 앞서 언급한 것보다 더 긍정적인 내용을 이야기하기 위한 문두 부사로 쓰였다.

24 Limited Editions

pp. 076 ~ 077

정답   1 ④   2 ③   3 the prices will increase in the future   4 ⓐ is ⓑ paying

Summary books, appeal, number, exceptional

지문 해석   다음에 쇼핑하러 갈 때는 상점에 걸려 있는 안내문을 꼭 보아라. 혹은 신문이나 잡지의 광고를 주의 깊게 읽어라. 두 가지 경우 다 당신은 분명 '한정판' 혹은 '특별판'이라는 단어를 보게 될 것이다.

한정판을 판매하는 것은 오랫동안 존재해 온 마케팅 전략이다. 최초의 한정판 제품은 책이었다. 출판사들은 양질의 도서를 매우 비싼 가격에 고객들에게 판매했다. 다른 업계의 사람들이 그 한정판 도서의 성공을 알아차렸을 때, 그들은 자신들이 판매하는 제품에 그것을 사용할 방법을 생각하기 시작했다.

한정판 제품은 여러 가지 이유로 사람들의 관심을 끈다. 한 가지는 그 이름이 암시하듯이 수량이 제한되어 있다는 것이다. 그러므로 그것을 구입하는 사람들은 그들이 몇 안 되는 이 제품들 중 하나를 소유하고 있다는 것을 알고 있다. 예를 들어, 일부 자동차 제조업체들은 한정판 스포츠카 또는 고급차 모델을 생산한다. 사람들이 그 차 가격을 기꺼이 지불할 것이기 때문에 그들은 가격을 올릴 수 있다는 것을 알고 있다. 만화책과 장난감 같은 제품 수집가들

또한 한정판을 매우 좋아한다. 그들은 그 제품들이 희귀하기 때문에 나중에 가격이 오를 것이라는 것을 알고 그 제품들을 구매한다.

　대부분의 한정판 제품은 또한 품질이 매우 뛰어나다. 이것은 그 제품들이 구매자의 관심을 끄는 또 다른 이유이다. 쇼핑객들은 그들이 구입하는 한정판 시계, 보석, 또는 옷이 평균 이상일 것임을 알고 있다. 그들은 품질이 월등한 제품을 받을 것이기 때문에 더 비싼 가격을 지불하는 것을 꺼리지 않는다.

문제 해설

1 ①, ②, ③, ⑤는 limited-edition products[items]를 가리키는 반면, ④는 the people who purchase them, 즉 한정판 제품을 구입하는 사람들을 가리킨다.

[문제] 가리키는 대상이 <u>다른</u> 것을 고르시오.

2 사람들이 한정판 스포츠카 또는 고급차 모델을 기꺼이 구매할 것이기 때문에 일부 자동차 제조업체들은 가격을 올릴 수 있다는 것을 알고 있다는 내용을 통해, 그것이 일반 스포츠카보다 더 비쌀 것임을 추론할 수 있다. (14~15행)

[문제] 한정판 스포츠카 모델에 관해 추론할 수 있는 것은?

　① 그것은 사람들이 운전하기 쉽다.
　② 그것은 매년 자동차 제조업체들에 의해 판매된다.
　③ 그것은 일반 스포츠카보다 더 비싸다.
　④ 그것은 대부분의 스포츠카보다 더 빨리 달린다.
　⑤ 그것은 대부분의 자동차보다 만드는 데 더 오래 걸린다.

3 만화책과 장난감 같은 제품 수집가들도 한정판을 매우 좋아하는데, 그 이유는 그 제품들이 희귀하기 때문에 나중에 가격이 오를 것이라는 것을 알기 때문이다. (16~17행)

[문제] 만화책과 장난감 수집가들은 왜 한정판을 매우 좋아하는가?

　→ 그들은 그 제품들이 희귀하기 때문에 <u>나중에 가격이 오를</u> 것이라는 것을 알고 있다.

4 ⓐselling limited editions가 문장의 주어인데, 동명사구가 주어로 쓰이면 단수 취급하므로 단수형 is를 써야 한다.
　ⓑmind는 동명사를 목적어로 취하는 동사이므로 paying을 써야 한다.

[문제] ⓐ와 ⓑ를 어법에 알맞은 형태로 쓰시오.

Summary

수량	책들	매우 뛰어난	관심을 끌다

최초의 한정판 제품은 <u>책</u>이었다. 다른 업계의 사람들은 그들의 성공을 알아차렸고 그래서 그들은 자사 제품의 한정판을 만들기 시작했다. 그것(한정판)은 여러 가지 이유로 사람들의 <u>관심</u>을 끈다. 그것은 <u>수량</u>이 제한되어 있어서 사람들은 기꺼이 더 비싼 가격을 지불한다. 그것은 희귀하기 때문에 나중에 가격이 오른다. 그것은 또한 대개 품질이 <u>매우 뛰어나</u>다.

구문 해설

5행 Selling limited editions **is** a marketing strategy that has been around for a long time.
　• 주어는 editions가 아니라 동명사구인 selling limited editions이므로 단수 동사인 is가 쓰였다.

10행 One is **that** they are, *as their name implies*, limited in number.
　• that은 명사절을 이끄는 접속사로 보어 역할을 한다.
　• as their name implies는 '그것들의 이름이 암시하듯이'라는 뜻으로, 여기서는 삽입절의 형태로 쓰였다.

18행 This is another reason (**why**) they appeal to buyers.
　• reason 뒤에는 이유를 나타내는 관계부사인 why가 생략되었다.

Focus on **Sentences**

A 1 이 세상의 모든 이메일 주소는 @이라는 기호를 포함하고 있다.

2 최근 몇 년 동안 식품 알레르기의 수는 엄청나게 증가했다.

3 이것이 아이스 버킷 챌린지와 ALS가 연계된 최초의 사례였다.

4 대부분의 한정판 제품은 또한 품질이 매우 뛰어나다.

B 1 Since then, it has become one of the most commonly used symbols in the world.

2 That money is being used to help find a cure for a disease that has taken the lives of many people.

3 They know they can raise the prices because people will be willing to pay for them.

C 1 Parents are not exposing their children to certain foods at young ages.

2 The Ice Bucket Challenge started out simply.

3 At first, the participants donated money to the charity of their choice.

유형 도전 　④

변형 문제 　항해와 포식자를 피하는 데 유용하다.

지문 해석 　우리 인간은 행동 방침을 선택하기 전에 과거와 미래 둘 다와 함께 우리의 현재 상황을 주의 깊게 고려할 수 있다. 우리 자신의 존재에 대한 이런 인식은 우리가 살아 있도록 도와주는 고도의 행동상의 유연성을 우리에게 제공한다. 더 단순한 생명 형태는 그들의 환경에 즉각적으로 그리고 변함없이 반응한다. 예를 들어서, 나방은 변함없이 빛을 향해 날아간다. 비록 이 나방의 행동이 일반적으로 항해와 포식자를 피하기 위해서 유용하지만, 조명의 근원이 촛불이나 모닥불일 때는 치명적일 수 있다. 나방과는 달리, 우리 인간은 우리의 감각적 경험의 계속적인 흐름으로부터 (다른 것으로) 주의를 바꿀 수 있다. 우리는 변함없이 빛을 향해 날아가지 않는다. 우리는 본능 뿐 아니라 배우고 생각하는 능력에도 의지하면서 많은 다른 방식으로 행동하도록 선택할 수 있다. 우리는 상황에 대한 새로운 반응과 그것의 잠재적인 결과를 숙고하고 새로운 가능성을 상상할 수 있다.

문제 해설 　주어진 문장은 나방의 행동에 대한 내용이 끝나고 인간의 행동에 대한 내용이 시작되는 부분에 들어가야 한다.

변형 문제 　the moth's behavior is generally useful for navigation and avoiding predators에서 답을 찾을 수 있다. (7~8행)

구문 해설 　**4행** This awareness of our own existence **gives us a high degree of behavioral flexibility** [*that helps us stay alive*].

　・give A B(A에게 B를 주다) 구문이 사용되었다.

　・[ ]로 표시된 부분은 behavioral flexibility를 수식하는 관계절이다.

9행 ~ we can choose to act in a number of different ways, [**depending *not only* on our instincts *but also* on our capacity to learn and think**].

　・[ ]로 표시된 부분은 분사구이다.

　・not only A but also B는 'A뿐만 아니라 B도'의 의미이다.

10행 We can ponder **alternative responses to situations** and **their potential consequences** and imagine new possibilities.

　・alternative responses to situations와 their potential consequences는 동사 ponder의 목적어이다.

25 Solar Ovens

정답 1 ②   2 ④   3 ①   4 (집에서 혼자) 태양열 오븐을 만드는 것

5 solar oven, cook, overhead

지문 해석 여러분은 아마도 태양 전지판에 대해 알고 있을 것이다. 우리는 그것을 사용하여 전기를 만들어 낼 수 있다. 그러나 태양열 오븐도 있다는 것을 알고 있는가? 그것은 에너지를 만들고 음식을 익히기 위해 태양 에너지를 사용한다. 여러분은 집에서 혼자 그것을 만들 수도 있다. 그것을 만드는 방법은 다음과 같다.

우선 피자 상자를 구해서 뚜껑의 세 면의 가장자리 가까이를 (칼로) 잘라 덮개를 만들어라. 그런 다음 그것이 세워지도록 덮개를 밖으로 접어라. 다음으로, 알루미늄 포일을 가져와 그것을 덮개 안쪽에 테이프로 붙여라. 그 후에 덮개를 만들 때 뚜껑에 냈던 구멍에 창을 만들기 위해 비닐 랩을 사용해라. 상자 바닥에 검은색 마분지를 놓아라. 마지막으로 신문을 둘둘 말아 상자 바닥을 따라 정사각형 안에 두어라. 태양열 오븐을 만들기 위해 해야 할 일은 그것이 전부이다.

해가 머리 위에 높이 뜰 때까지 기다린 다음 여러분이 만든 오븐을 밖에 햇빛이 잘 드는 곳으로 가져가라. 알루미늄 포일이 비닐 랩으로 덮인 창 안으로 햇빛을 반사하도록 덮개를 조정해라. 햇빛은 열을 발생시킨다. 열은 오븐에 남아 있으므로 그것은 음식을 요리하는 것을 가능하게 한다.

여러분은 무엇을 먹고 싶은가? 태양열 오븐으로 토스트를 만들거나 핫도그를 요리하는 것은 어떤가? 여러분이 무엇을 만들던지 식사를 맛있게 해라.

문제 해설 1 피자 상자와 몇 가지 다른 재료를 이용하여 태양열 오븐을 만들어 음식을 익히는 방법을 설명하고 있으므로, ② '태양열 오븐을 만드는 방법'이 글의 제목으로 가장 적절하다.

① 태양열 오븐 요리책

③ 태양열 오븐: 에너지 절약기

④ 태양열 오븐으로 요리를 하자

⑤ 태양열 오븐 대 전기 오븐

2 비닐 랩의 용도는 덮개를 만들 때 뚜껑에 냈던 구멍에 창을 만들기 위함이므로, ④ '뚜껑에 구멍을 만들기 위해 비닐 랩을 사용하는 것'은 태양열 오븐을 만드는 데 필요한 단계가 아니다. (7~8행)

[문제] 글에 따르면 태양열 오븐을 만드는 데 필요한 단계가 <u>아닌</u> 것은?

① 뚜껑을 (칼로) 잘라 덮개를 만드는 것 (5~6행)

② 덮개 안쪽에 알루미늄 포일을 테이프로 붙이는 것 (6~7행)

③ 상자 안에 검은색 마분지를 두는 것 (8~9행)

⑤ 둘둘 만 신문을 상자 안에 넣는 것 (9~10행)

3 첫 번째 빈칸에는 '~할 수 있도록'이라는 뜻의 목적을 나타내는 접속사가 필요하고, 두 번째 빈칸에는 '그래서'라는 뜻의 결과를 나타내는 접속사가 필요하다. 이 두 가지 의미를 모두 충족시키는 접속사는 so이다. 두 번째 빈칸 뒤의 that은 so로 연결되는 등위절의 주어임에 유의한다.

① ~할 수 있도록; 그래서 ② 그러나 ③ 그러한 ④ ~이기 때문에; ~한 이후로 ⑤ ~할 때까지

4 do it은 앞 문장에서 언급한 '(집에서 혼자) 태양열 오븐을 만드는 것'을 가리킨다.

5 당신은 피자 상자와 몇 가지 다른 재료를 이용하여 <u>태양열 오븐</u>을 만든 다음 해가 <u>머리 위에</u> 높이 떠 있을 때 그것을 사용하여 음식을 <u>익힐</u> 수 있다.

7행 After that, use plastic wrap to make a window in the hole **(that)** [**you made in the lid**] when you created the flap.

• [ ]은 the hole을 수식하는 형용사절로, 앞에 목적격 관계대명사 that이 생략되어 있다.

13행 Adjust the flap **so (that)** the aluminum foil reflects sunlight into the plastic-covered window.

• so는 '~할 수 있도록'이라는 뜻의 목적을 나타내는 접속사로, so that에서 that이 생략된 형태이다.

14행 It does not leave the oven, **so** *that* enables it to cook food.

• so는 '그래서, 그 결과'라는 뜻의 결과를 나타내는 접속사이다.

• that은 앞 문장의 내용인 '열이 오븐에 남아 있는 것'을 가리키는 지시대명사이다.

18행 **Whatever** you make, enjoy your meal.

• whatever는 '무엇을 ~일지라도'라는 뜻의 복합관계대명사로, no matter what으로 바꾸어 쓸 수 있다.

26 John Williams

pp. 084 ~ 085

정답

1 ⑤ 2 ② 3 (1) T (2) F 4 ⓐ started ⓑ has composed

5 composer, dramatic, entertaining

지문 해석

당신이 가장 좋아하는 클래식 작곡가는 누구인가? 많은 사람들에게는 Wolfgang Amadeus Mozart(볼프강 아마데우스 모차르트)나 Ludwig van Beethoven(루트비히 반 베토벤)이다. 다른 사람들에게는 Johann Sebastian Bach(요한 제바스티안 바흐)나 George Frideric Handel(게오르크 프리드리히 헨델)이다. 그리고 또 다른 사람들에게는 John Towner Williams(존 타우너 윌리엄스)이다. John Towner Williams라고? 그는 누구인가?

「해리 포터」첫 세 편이나 「스타워즈」시리즈 중 어떤 영화라도 본 적이 있는가? 「쥬라기 공원」, 「죠스」, 「E.T.」나 「레이더스」를 보았는가? 그 중 어떤 영화라도 보았다면 당신은 John Williams가 작곡한 음악을 들어 보았다. 그는 사운드 트랙이라고도 불리는 영화 음악 역사상 가장 위대한 작곡가로 널리 간주된다.

Williams는 60년이 넘는 음악 인생을 걸어 오고 있다. 그는 관현악단과 솔로 악기를 위한 여러 클래식 작품을 작곡했다. 그는 또한 10년 넘게 미국의 인기 있는 관현악단인 보스턴 팝스에서 지휘자로 있었다. 그러나 그는 주로 사운드 트랙 때문에 유명해졌다.

Williams는 1974년에 Steven Spielberg(스티븐 스필버그)와 작업을 하기 시작했고, 그때 이후로 그는 Spielberg가 만든 거의 모든 영화의 음악을 작곡했다. 그러다가 1977년에 「스타워즈」가 개봉되었다. 활기차고 신나는 그 음악은 미국 영화 역사상 가장 훌륭한 사운드 트랙으로 간주된다. 그는 다른 클래식 작곡가들로부터 자주 영감을 얻고, 그렇게 하면서 Williams는 영화를 더욱 극적이고 재미있게 만드는 음악을 만든다.

문제 해설

1 「스타워즈」, 「쥬라기 공원」, 「죠스」, 「E.T.」 등 많은 영화 음악을 작곡한, 영화 음악 역사상 가장 위대한 작곡가로 간주되는 John Williams에 관해 소개하고 있으므로, ⑤ '영화 음악을 작곡한 남자'가 글의 제목으로 가장 적절하다.

[문제] 글의 제목으로 가장 적절한 것은?

① John Williams의 생애
② 「스타워즈」의 음악
③ 가장 인기 있는 영화 음악
④ 사운드 트랙: 그것은 무엇인가?

2 John Williams가 다른 클래식 작곡가들로부터 자주 영감을 얻는다고 했지만 그들이 누구인지는 구체적으로 언급되지 않았으므로, ② '그는 모차르트와 바흐의 음악에 영감을 받았다.'가 글의 내용과 일치하지 않는다.

① 그는 「죠스」와 「쥬라기 공원」의 음악을 작곡했다. (6~8행)
③ 그는 미국의 관현악단 지휘자였다. (13~14행)
④ 그는 1974년에 Steven Spielberg와 함께 작업하기 시작했다. (16행)

⑤ 그는 Steven Spielberg가 만든 대부분의 영화의 음악을 작곡했다. (17행)

3 (1) John Williams가 작곡한 영화 음악 가운데 「E.T.」와 「레이더스」도 포함되어 있다. (6~7행)

(2) John Williams는 미국의 인기 있는 관현악단인 보스턴 팝스에서 지휘자로 있었다고 했다. (13~14행)

(1) John Williams는 「E.T.」와 「레이더스」의 음악을 작곡했다.

(2) John William는 보스턴 팝스에서 악기를 연주했다.

4 ⓐ in 1974라는 과거의 때를 나타내는 부사구가 있으므로 과거형인 started를 써야 한다.

ⓑ since then이라는 과거의 특정 시점부터 현재까지 계속을 나타내는 전치사구가 있으므로 현재완료인 has composed 를 써야 한다.

5 John Williams는 영화 음악의 가장 위대한 <u>작곡가</u>로 간주되는데, 영화 음악은 영화를 더욱 <u>극적이고 재미있게</u> 만든다.

구문 해설

5행 **Have** you **seen** any of the first three *Harry Potter* movies or any of the *Star Wars* films?
  • have seen은 현재완료의 경험 용법으로, '본 적이 있다'라는 뜻을 나타낸다.

11행 Williams has had a musical career **lasting more than six decades**.
  • lasting more than six decades는 앞의 명사인 a musical career를 수식하는 현재분사구이다.

16행 Williams **started** working with Steven Spielberg **in 1974**, and *since then*, he *has composed* the music for nearly all of Spielberg's films.
  • and 앞은 과거의 때를 나타내는 부사구(in 1974)가 있으므로 과거(started) 시제를 썼다.
  • and 뒤에는 과거의 특정 시점부터 현재까지 계속을 나타내는 전치사구(since then)가 있으므로 계속 용법의 현재완료(has composed) 시제가 쓰였다.

27 Pineapple and Bromelain

pp. 086 ~ 087

정답   1 ③   2 ⑤   3 ③   4 supplement, pineapple   5 benefits, digest, pain

지문 해석   파인애플은 달콤하고 톡 쏘는 맛을 지닌 열대 과일이다. 많은 사람들이 그 맛을 즐기기 때문에 파인애플을 먹거나 파인애플 주스를 마시는 것을 즐긴다. 그러나 파인애플은 또한 주로 파인애플에서 다량으로 발견되는 브로멜라인 때문에 <u>많은 건강상의 이점을 가지고 있다</u>.

브로멜라인은 특정 단백질을 분해하고 음식의 소화를 도울 수 있는 효소이다. 그러나 그것은 또한 그것을 섭취하는 사람들에게 몇 가지 다른 이점을 가지고 있다. 예를 들어, 브로멜라인은 소염 성분을 가지고 있다. 이는 그것이 몸 안의 부종을 줄이고 상처가 더 빨리 치유되게 할 수 있다는 것을 의미한다. 수술을 받은 사람들은 그것이 통증을 사라지게 하고 그들이 더 빨리 회복되게 하기 때문에 그것을 가끔 섭취한다.

그것은 또한 운동을 많이 해서 운동 후에 아픈 사람들에게 도움이 된다. 브로멜라인은 이러한 사람들이 겪는 통증과 고통의 양을 줄일 수 있다. 그리고 그것은 단백질을 분해할 수 있기 때문에 화장실에 가는 데 어려움을 겪는 사람들에게 도움이 된다. 어떤 사람들은 브로멜라인이 관절염을 치료하고 알레르기의 증상을 완화시키는 데 좋다고 주장하지만, 그것을 확인하기 위해서는 더 많은 실험이 필요하다.

브로멜라인이 당신이 섭취해야 할 것처럼 들린다면 당신은 선택을 할 수 있다. 그것을 보충제로 구입하거나 파인애플을 먹을 수 있다. 그것(파인애플)은 그것(브로멜라인)이 들어 있는, 세상에서 유일한 자연 식품원이다.

문제 해설   **1** 파인애플에서 다량 발견되는 브로멜라인의 효능에 관해 소개하는 글이므로, ③ '많은 건강상의 이점을 가지고 있다'가 빈칸에 가장 적절하다.
  ① 좋은 간식이 된다
  ② 심장 건강을 개선하는 것을 돕는다
  ④ 불쾌한 부작용을 초래한다

⑤ 다량의 비타민 C를 함유하고 있다

2 ①, ②, ③, ④는 bromelain을 가리키는 반면, ⑤는 pineapple을 가리킨다.

[문제] 가리키는 대상이 <u>다른</u> 것을 고르시오.

3 브로멜라인의 효능에 관해서는 두 번째 단락과 세 번째 단락에서 다루고 있는데, ③ '피로 회복에 도움이 된다'는 내용은 언급되지 않았다.

4 브로멜라인을 보충제로 구입하거나 파인애플을 먹을 수 있다고 했다. (20~21행)

Q 사람은 어떻게 브로멜라인을 섭취할 수 있는가?

A 사람은 그것을 <u>보충제</u>로 구입하거나 혹은 <u>파인애플</u>을 먹을 수 있다.

5 브로멜라인은 몸이 음식을 <u>소화하는</u> 것을 돕고 몸 안의 <u>통증</u>을 줄이는 것을 포함하여 많은 <u>이점</u>을 가진, 파인애플에 들어 있는 효소이다.

구문 해설　**11행** People who have had operations sometimes take it because it **makes their pain go away** and **lets them recover** more quickly.

- make와 let은 둘 다 사역동사로 동사원형을 목적격보어로 취한다.

19행 If **it sounds like** bromelain is something (***that***) [*you should be taking*], you have a choice.

- 'it sounds like (that) ~'은 '~처럼 들리다, ~인 것 같다'라는 뜻으로, 주로 that은 생략되고 뒤에 주어와 동사를 갖춘 절이 온다.
- [ ]은 something을 수식하는 형용사절로, 앞에 목적격 관계대명사 that이 생략되었다.

28　How the Colors of Medieval Manuscripts Were Made　pp. 088 ~ 089

정답	1 ④	2 ③	3 philosopher's stone, mad scientists	4 manuscript

Summary	faded, transform, contributions, interacted

지문 해석　1400년대 중반 인쇄기가 발명되기 전에 유럽에서는 책이 손으로 만들어졌다. 중세에는 많은 책에 글씨가 주를 이루었을 뿐만 아니라 삽화도 들어 있었다. 심지어 오늘날에도 이 채색 필사본에 채색을 하기 위해 사용되었던 색들은 수백 년 전에 만들어졌음에도 불구하고 선명하고 바래지 않았다. 그 이유는 바로 연금술이다.

대부분의 사람들은 연금술이라는 단어를 들으면 현자의 돌과 미친 과학자들에 대한 이미지가 떠오른다. 대다수 연금술사의 주요 관심사가 납을 금으로 바꾸는 것이었다는 점은 사실이다. 그러나 연금술사들은 연구를 하는 동안 과학에 많은 기여를 했다. 예를 들어, 그들은 채색 필사본을 만들기 위해 사용되는 선명한 색상들을 만들어 냈다. 연금술사가 없다면 필사본의 그림에 선명하고 다채로운 색은 없을 것이다.

연금술사들은 물질이 어떻게 서로 상호 작용하고 어떻게 변형될 수 있는지 실험했다. 예를 들어, 그들은 주석과 황을 결합하면 채색금이라고 불리는 선명한 노란색 안료를 만들 수 있다는 것을 알았다. 마찬가지로 선홍색인 주홍색은 황과 수은의 혼합물로 만들어졌다. 그리고 녹청은 초록색 안료였다. 연금술사들은 구리를 식초, 포도주나 오줌의 증기에 노출시킴으로써 그것을 개발했다.

연금술사들이 납을 금으로 바꾼 적은 결코 없지만, 그들은 중세의 필경사가 단순한 양피지를 아름다운 예술 작품으로 만드는 데 도움을 주었다. 양질의 안료 덕분에 채색 필사본은 계속해서 아름다움을 유지하고 있고, 어떤 면에서는 그것이 채색 필사본을 금보다 더욱 귀중하게 만든다.

문제 해설　**1** (A) 빈칸 뒤의 내용은 과학 발달에 연금술사가 끼친 기여를 보여 주는 예시에 해당하므로 '예를 들어'라는 뜻의 For example이 적절하다.

(B) 빈칸 뒤의 내용은 또 다른 실험으로 탄생한 주홍색에 관해 언급하고 있으므로, '마찬가지로, 또한'이라는 뜻의 Likewise가 적절하다.

① 그에 반해서 – 마찬가지로, 또한 ② 그에 반해서 – 그러나 ③ 그에 반해서 – 대신에 ④ 예를 들어 – 마찬가지로, 또한 ⑤ 예를 들어 – 대신에

2 대다수 연금술사의 주요 관심사가 납을 금으로 바꾸는 것이었다고 했으므로 금을 자주 연구했을 것임을 추론할 수 있다. (8~9행)

[문제] 연금술사에 관해 추론할 수 있는 것은?
　　　① 그들은 대개 부자가 되었다.
　　　② 그들은 모두 미친 과학자였다.
　　　③ 그들은 자주 금을 연구했다.
　　　④ 그들은 인쇄기를 발명했다.
　　　⑤ 그들은 많은 채색 필사본을 소유했다.

3 대부분의 사람들이 연금술이라는 단어를 들으면 현자의 돌과 미친 과학자들에 대한 이미지를 떠올린다고 했다. (7~8행)

[문제] 대부분의 사람들은 연금술이라는 단어를 들을 때 무엇을 생각하는가?
　　　→ 그들은 현자의 돌과 미친 과학자들을 생각한다.

4 '인쇄술이 발명되기 이전 시대에 손으로 쓰여진 오래된 문서나 책'이라는 뜻을 가진 단어는 manuscript(필사본)이다. (4행)

[문제] 다음 주어진 뜻을 가진 단어를 글에서 찾아 쓰시오.

Summary

상호 작용했다	바꾸다	기여	바랬다

채색 필사본의 색들은 선명하고 시간이 흐르면서 바래지 않았다. 그 이유는 연금술이다. 연금술사들은 납을 금으로 바꾸려고 노력했다. 그러나 그들은 또한 과학에 많은 기여를 했다. 그들은 물질이 어떻게 서로 상호 작용하고 어떻게 변형될 수 있는지 실험했다. 그들은 채색금, 주홍색과 녹청과 같은 안료를 만들었다.

구문 해설

8행 **It is true that the primary interest of most alchemists was *to transform lead into gold*.**
- It은 가주어이고, that 이하가 진주어이다.
- to transform lead into gold는 보어로 쓰인 to부정사의 명사적 용법이다.

12행 **Without alchemists**, there would be no bright and varied colors in the images on their pages.
- 「without + 명사(구)」는 가정법의 if절을 대신하는 어구이다. if절로 바꾸면 if it were not for alchemists가 된다.

22행 Thanks to the high quality of their paints, illuminated manuscripts continue to maintain their beauty, and in some ways, that makes **them** more valuable than gold.
- them은 illuminated manuscripts를 가리킨다.

Focus on Sentences

p. 090

A　**1** 그런 다음 그것이 세워지도록 덮개를 밖으로 접어라.
　2 그는 다른 클래식 작곡가들로부터 자주 영감을 얻고, 그렇게 하면서 Williams는 영화를 더욱 극적이게 만드는 음악을 만든다.
　3 그것은 화장실에 가는 데 어려움을 겪는 사람들에게 도움이 된다.
　4 중세에는 많은 책에 글씨가 주를 이루었을 뿐만 아니라 삽화도 들어 있었다.

B　**1** Adjust the flap so the aluminum foil reflects sunlight into the plastic-covered window.
　2 Bromelain makes their pain go away and lets them recover more quickly.
　3 He is widely considered the greatest composer of film music in history.

C **1** It does not leave the oven, so that <u>enables</u> it <u>to cook</u> food.
  2 The primary interest of most alchemists was to <u>transform</u> lead <u>into</u> gold.
  3 During their studies, alchemists <u>made</u> many <u>contributions</u> to the sciences.

 **수능**

p. 091

유형 도전 ③
변형 문제 각 물체의 질량과 그들이 떨어져 있는 거리

지문 해석 질량이 있는 어떤 물체라도 그들 사이에 끌어당기는 중력이 있을 것이다. 태양, 지구, 달을 예로 고려해 보자. 지구와 달 사이의 중력은 충분히 강해서 지구와 달이 매우 멀리 떨어져 있더라도 달이 지구의 주변을 계속 돌도록 한다. (B) 마찬가지로, 태양과 지구 사이의 중력은 충분히 강해서 지구와 태양이 수백만 마일 떨어져 있더라도 지구가 태양의 궤도를 계속 돌도록 한다. (C) 두 물체 사이의 중력은 각 물체의 질량과 그들이 얼마나 멀리 떨어져 있는지에 달려있다. 더 거대한 물체들은 더 큰 중력을 만든다. 두 개의 물체 사이의 중력은 또한 그 두 물체의 거리가 증가할수록 약해진다. (A) 따라서 비록 지구와 태양이 서로 매우 멀리 떨어져 있어도, 그들이 둘 다 거대하다는 사실은 지구를 궤도에 유지시킬 정도로 충분히 강한 중력이라는 결과를 가져온다.

문제 해설 지구와 달 사이의 중력에 대한 설명이 나온 주어진 글 다음에, Similarly(마찬가지로)로 시작하면서 태양과 지구 사이의 중력을 설명하는 (B)가 나와야 한다. 두 물체 사이의 중력의 크기에 영향을 미치는 요소에 대한 설명이 제시되는 (C) 다음에, So(따라서)로 시작하면서, 그 설명에서 이끌어 낼 수 있는 결론을 제시한 (A)가 연결되는 것이 적절하다.

변형 문제 'The force of gravity between two objects depends on the amount of mass of each object and how far apart they are.'에서 답을 찾을 수 있다. (9~10행)

구문 해설 **2행** The force of gravity between Earth and the moon is strong **enough to** *keep the moon orbiting* Earth even though they are very far apart.
  • '~ enough to do' 구문은 '~할 정도로 충분히 …'의 의미이다. enough가 형용사를 수식할 경우 형용사 뒤에서 위치한다.
  • 「keep + 목적어 + -ing」 구문은 '(목적어)가 계속 ~하게 하다'의 의미이다.

5행 ~ the fact [**that they are both massive**] results in a gravitational force [*that is strong enough to keep Earth in orbit*].
  • 첫 번째 [ ]는 the fact와 동격이다.
  • 두 번째 [ ]는 a gravitational force를 수식하는 관계절이다.

7행 Similarly, the force of gravity between the sun and Earth is strong enough to keep Earth in orbit around the sun **despite** Earth and the sun **being** millions of miles apart.
  • despite는 전치사이므로, 다음에 동명사구가 나왔다. despite 이하를 though를 사용하여 though Earth and the sun are millions of miles apart로 고쳐 쓸 수 있다.

29 The Martian Bacteria Meteor

pp. 094 ~ 095

정답
1 ①　　2 ③　　3 (1) T (2) F　　4 they are still unsure what they are looking at
5 1984, scientists, fossilized

지문 해석　(이 세상에) 우리뿐일까? 지구 밖에 생명체가 있을까? 이것은 인간이 수천 년 동안 물어 왔던 두 가지 질문이다. 1984년에 작은 운석이 지구에 떨어졌을 때 당시 어느 누구도 그것이 실제로 그 질문들에 대한 답을 가지고 있을지도 모른다는 것을 깨닫지 못했다.

수십 억 년 전 행성이 여전히 형성되고 있었을 때 우주에서는 수많은 충돌이 있었다. 소행성과 운석은 행성과 자주 충돌했다. 때로 그것들은 행성 조각들이 우주 공간으로 날아가게 만들었다. 41억 년 전에 무언가로 인해 화성의 파편이 우주로 향했다. 1984년에 그것은 지구에 떨어졌고 ALH84001 운석이라는 이름이 붙었다.

대부분의 운석은 지구의 대기권에 진입할 때 타 버린다. 그러나 일부 운석은 살아남아 땅에 떨어진다. 그래서 과학자들은 ALH84001 운석이 발견됐을 때 흥분했다. 그들은 현미경으로 그것을 세밀히 보고 깜짝 놀랐다. 그것은 화석화된 박테리아가 들어 있는 것처럼 보였다. ALH84001 운석은 즉각 세계에서 가장 유명한 운석이 되었다.

지난 수년간 과학자들은 더 많은 연구를 해 왔지만, 그들은 여전히 그들이 보고 있는 것이 무엇인지 확실히 모른다. 어떤 이들은 그들이 그저 광물을 보고 있다고 주장한다. 다른 사람들은 그것이 이상한 지질학적 형성물에 불과하다고 믿는다. 그러나 많은 사람들은 그것이 다른 곳에 생명체가 존재하거나 혹은 존재했다는 증거라고 생각한다. 이와 유사한 운석들이 더 많이 발견될 때까지 우리는 확실히 알지 못할 것이다. 그 결과, ALH84001 운석은 그러한 날이 올 때까지 수수께끼이자 논란의 근원이 될 것이다.

문제 해설　**1** 역접의 연결사인 however로 보아 주어진 문장 앞에는 살아남아 땅에 떨어지는 운석에 관한 내용이 나와야 하므로, 주어진 문장은 ①에 들어가는 것이 가장 자연스럽다.

2 대부분의 운석은 지구의 대기권에 진입할 때 타 버리기 때문에 지구에 떨어진 ALH84001 운석이 발견되었을 때 과학자들은 아마도 깜짝 놀랐을 것임을 추론할 수 있다. (10~11행)

[문제] ALH84001 운석에 관해 추론할 수 있는 것은?
① 그것은 고작 수백 년 되었다.
② 그것은 오늘날 박물관에 전시되어 있다.
③ 그것은 타 버리지 않음으로써 과학자들을 놀라게 했다.
④ 그것은 지구 근처에서 다른 운석과 충돌했다.
⑤ 그것은 박테리아를 가지고 있는 것으로 확인되었다.

3 (1) 수십 억 년 전 행성이 여전히 형성되고 있었을 때 소행성과 운석은 행성과 자주 충돌했다고 했다. (5~6행)
(2) 모두가 아닌 대부분의 운석이 지구의 대기권에 진입할 때 타 버린다고 했다. (10행)
(1) 수십 억 년 전에 소행성은 행성과 자주 충돌했다.
(2) 모든 운석들이 지구의 대기권에 진입할 때 타 버린다.

4 '여전히'라는 뜻의 still은 be동사 뒤에 오는 것에 유의하고, '그들이 보고 있는 것이 무엇인지'는 「의문사＋주어＋동사」 어순의 간접의문문을 사용하여 표현한다.

5 1984년에 ALH84001 운석이 지구에 떨어졌고, 과학자들은 그것에 화석화된 박테리아가 들어 있다고 믿는다.

8행 In 1984, it landed on the Earth and **was named meteor ALH84001**.
· 5형식 구문인 they named it meteor ALH84001을 수동태로 바꾼 문장이다.

15행 Scientists have done further studies over the years, but they are still unsure **what they are looking at**.
· what they are looking at은 간접의문문으로, 「의문사+주어+동사」의 어순에 유의한다.

17행 But many think it is proof **that** life exists—or existed—in other places.
· that은 동격절을 이끄는 접속사이다.

18행 Not until more similar meteors **are found** will we know for sure.
· 시간·조건의 부사절에서는 현재 시제가 미래를 대신하므로 will be found가 아니라 are found가 쓰였다.

30 Bayanihan
pp. 096 ~ 097

정답 1 ⑤　　2 ④　　3 ④　　4 bamboo, the leaves of trees　　5 ⓐ involving ⓑ revealed

지문 해석　　대부분의 사람들이 이사를 간다고 말할 때는 새집으로 간다는 의미이다. 그들은 살던 집을 떠나고 가족과 세간을 가지고 갈 것이다. 필리핀에서는 사람들이 그저 가족과 세간을 옮기지 않는다. 대신에 그들은 종종 살던 집을 가지고 간다.

필리핀의 주요 언어는 타갈로그어이다. 타갈로그어 bayan은 국가, 마을 또는 공동체를 의미한다. Bayanihan(바야니한)이라고 불리는 용어가 있다. 그것은 bayan이라는 단어에서 나온 것이다. 그것은 'bayan에 있는 것'을 의미한다. 필리핀 사람들에게 Bayanihan은 어떤 목표를 달성하기 위해 많은 사람들을 수반하는 화합 및 협동의 정신을 의미한다.

오늘날 Bayanihan 정신은 필리핀 사람들이 이사를 갈 때 드러난다. 시골의 집은 전통적으로 대나무와 나뭇잎으로 만들어진다. 어떤 가족이 이사를 가기 원할 때 자원한 사람들이 그 집에 모인다. (C) 그들은 그 집 밑에 대나무 막대기를 묶는다. (A) 그런 다음 대략 15~20명의 사람들이 그 막대기로 집을 들어 올려 그 가족의 새로운 보금자리로 향한다. (B) 이사가 끝나면 집 주인은 도와준 사람들을 위해 식사를 준비한다.

많은 필리핀 사람들이 옮길 수 없는 현대식 주택에 살고 있지만, 그들은 다른 방식으로 Bayanihan 정신을 보여준다. 지진이나 태풍 같은 자연재해가 일어날 때 필리핀 사람들은 어떠한 답례도 기대하지 않고 동포들을 돕는다.

문제 해설　**1** 어떤 목표를 달성하기 위해 많은 사람들이 수반된 화합 및 협동의 정신인 필리핀의 Bayanihan을 이사의 경우를 예로 들어 소개하고 있으므로, ⑤ '많은 필리핀 사람들이 가지고 있는 화합 및 협동의 정신'이 글의 주제로 가장 적절하다.
① 대부분의 필리핀 사람들이 살고 있는 집의 유형
② 필리핀의 전통 및 현대 생활
③ 타갈로그어의 몇몇 흔한 단어들
④ 필리핀에서 집을 옮기는 가장 쉬운 방법

2 (C) 이사 가려는 집 밑에 대나무 막대기를 묶은 다음 (A) 그 막대기로 집을 들어 올려 이사 갈 집으로 향하고 (B) 이사가 끝나면 집 주인이 도와준 사람들을 위해 식사를 준비한다는 흐름으로 연결되는 것이 가장 자연스럽다.

3 Bayanihan은 어떤 목표를 달성하기 위해 많은 사람들이 수반된 화합 및 협동의 정신을 의미한다고 했으므로, ④ '그것은 많은 필리핀 사람들이 살고 있는 대나무 집의 한 가지 유형이다.'가 틀린 설명이다.

[문제] Bayanihan에 관한 설명이 맞지 <u>않는</u> 것은?
① 그것은 bayan이라는 단어에서 유래했다. (9행)
② 그것은 사람들 간의 화합과 협동을 수반한다. (10~11행)
③ 그것은 많은 필리핀 사람들에 의해 목표를 달성하기 위해 사용된다. (10~11행)
⑤ 그것은 필리핀 사람들이 재해가 발생한 후에 서로를 돕게 만든다. (19~22행)

4 시골의 집은 전통적으로 대나무와 나뭇잎으로 만들어진다고 했다. (12~13행)

  Q 필리핀 시골 지역의 많은 집들은 무엇으로 만들어지는가?

  A 그것들은 전통적으로 <u>대나무</u>와 <u>나뭇잎</u>으로 만들어진다.

5 ⓐ involve many people이 앞의 명사인 a spirit of unity and cooperation을 수식하는 분사구가 되어야 하는데, 수식 받는 명사와 능동의 관계이므로 현재분사인 involving을 써야 한다.

  ⓑ 주어인 the spirit of Bayanihan과 수동의 관계이므로 수동태로 표현해야 한다. 따라서 과거분사인 revealed를 써야 한다.

구문 해설　**01행**　When most people say they are moving, they mean they are going to a new place **to live**.
  • to live는 to부정사의 형용사적 용법으로, 앞의 명사인 a new place를 수식한다.

　09행　To Filipinos, Bayanihan means a spirit of unity and cooperation **involving many people** *to achieve* a goal.
  • involving many people은 앞의 명사인 a spirit of unity and cooperation을 수식하는 현재분사구이다.
  • to achieve는 to부정사의 부사적 용법으로, '달성하기 위해서'라는 뜻의 목적을 나타낸다.

31 Julia Child
pp. 098 ~ 099

정답　　1 ①　　　2 ③　　　3 ⑤　　　4 appreciate　　　5 published, bestseller, household name

지문 해석　　Julia Child(줄리아 차일드)는 1912년에 태어났고, 어린 시절과 성년 초기에 요리에 관심을 가진 적이 결코 없었다. 수십 년 후인 1946년에 그녀는 Paul Child(폴 차일드)와 결혼했고, 부부는 2년 뒤에 프랑스의 파리로 이사했다. Child 씨는 좋은 음식을 음미하는 집안 출신이었고 고급 요리를 Julia에게 소개했다.

프랑스에 살 때 Julia는 요리 학교인 르 꼬르동 블루에 다녔고, Max Bugnard와 다른 훌륭한 요리사들과 함께 공부했다. 요리에 대한 그녀의 관심은 커졌고, 그녀는 프랑스 음식에 관한 요리책을 쓰고 싶어 하는 몇몇 사람들을 만났다. 원고는 한 대형 출판사에서 거절당했지만 그 책은 1961년에 마침내 출판되었다. 제목은 『프랑스 요리 예술의 대가가 되는 법』이었는데, 이 책은 Julia Child를 누구나 다 아는 이름으로 만드는 데 일조했다.

그 책은 고전으로 간주되었다. 그 책은 상세한 삽화와 설명을 담고 있었는데, 그것이 사람들의 관심을 높였다. 그 책은 베스트셀러 목록에 올랐고 오늘날에도 여전히 출판되고 있다. 2년 뒤인 1963년에 Julia는 「프렌치 셰프」라고 불리는 자신의 텔레비전 요리 프로그램을 선보였다. 그 프로그램은 성공했고 10년 동안 방영되었다.

수년 동안 Julia는 약 20권의 요리책을 썼다. 그녀는 또한 요즘 텔레비전에서 볼 수 있는 수많은 요리 프로그램에 영감을 주는 데 도움을 주었다. 그녀의 프로그램이 최초는 아니었지만 단연코 가장 많은 인기를 끌었다. Julia Child가 없다면 아마도 요리 프로그램은 오늘날과 같은 폭넓은 인기를 끌지 못할 것이다.

문제 해설　**1** ① '~와 결혼하다'라는 뜻의 marry는 자동사로 착각하기 쉽지만 전치사가 필요 없는 타동사이다. 따라서 married with를 married로 고쳐야 한다.
  ② 때의 분사구문 (구문 해설 참조)
  ③ 계속적 용법의 관계대명사 (구문 해설 참조)
  ④ success는 '성공'이라는 뜻의 추상명사이지만 부정관사 a와 함께 쓰이면 '성공한 사람, 성공작'이라는 뜻이 된다. 여기서는 '성공작'이라는 뜻이 필요하므로 a success가 쓰인 것은 적절하다.
  ⑤ help는 to부정사와 동사원형을 둘 다 목적어로 취할 수 있으므로 동사원형 inspire가 쓰인 것은 적절하다.

2 1961년에 출간된 『프랑스 요리 예술의 대가가 되는 법』은 Julia Child를 누구나 다 아는 이름으로 만드는 데 일조했다고 했으므로, ③ 'Julia Child는 그것 때문에 유명해졌다.'가 글의 내용과 일치한다. (10~12행)
  ① 그 책은 저자가 5명이다.

② 그것은 1963년에 출판되었다.

④ 사람들은 더 이상 그것을 구입할 수 없다.

⑤ 그것은 Julia Child가 텔레비전 프로그램을 진행한 후에 출간되었다.

3 Julia Child가 없다면 요리 프로그램이 오늘날과 같은 폭넓은 인기를 끌지 못할 것이라는 내용을 통해, 그녀의 요리 프로그램 덕분에 다른 요리 프로그램들도 인기를 끌게 되었음을 추론할 수 있다. (21~22행)

[문제] Julia Child에 관해 추론할 수 있는 것은?

① 그녀는 어렸을 때 자주 요리를 했다.

② 그녀는 일생 동안 몇 개의 음식점을 열었다.

③ 그녀는 남편에게 프랑스 음식을 요리하는 법을 가르쳤다.

④ 그녀는 첫 번째 책을 영어와 프랑스어로 발간했다.

⑤ 그녀의 요리 프로그램은 다른 요리 프로그램들이 인기를 끄는 데 도움이 되었다.

4 '어떤 것이 얼마나 좋은지 인정하고 그것을 가치 있게 여기는 것'이라는 뜻을 가진 단어는 appreciate(진가를 인정하다) 이다. (4행)

[문제] 다음 주어진 뜻을 가진 단어를 글에서 찾아 쓰시오.

5 Julia Child는 「프랑스 요리 예술의 대가가 되는 법」을 출판했는데, 그것은 베스트셀러 목록에 올랐고, 그녀는 자신만의 요리 프로그램을 진행했고 누구나 다 아는 이름이 되었다.

구문 해설

6행 **Living in France**, Julia attended Le Cordon Bleu, a cooking school, and she studied with Max Bugnard and some other excellent chefs.

• Living in France는 때를 나타내는 분사구문으로, 부사절 When she lived in France로 바꾸어 쓸 수 있다.

13행 It contained detailed illustrations and instructions**, which** increased its appeal.

• which는 계속적 용법으로 쓰인 관계대명사로 앞의 절을 가리킨다.

21행 **Without** Julia Child, it is likely that cooking shows **would not have** the broad appeal that they do today.

• 「without+명사(구)」는 '~이 없(었)다면'이라는 뜻으로 가정법의 if절을 대신하는 어구이다. if절이 쓰인 가정법으로 바꾸면 If it were not for Julia Child가 된다.

32 Fake News

pp. 100 ~ 101

정답	1 ⑤	2 ②	3 The dominance of social media	4 publishing → published

Summary	fake news, mainstream media, Social media, accused

지문 해석   2016년에 Donald Trump(도널드 트럼프)와 Hillary Clinton(힐러리 클린턴)은 미국 대통령 선거의 두 주요 후보였다. 선거에 이르는 몇 달 동안 가짜 혹은 사람들을 호도하는 수많은 기사들이 언론에서 발행되었다. 이것은 '가짜 뉴스'라는 용어가 각 후보를 지지하는 사람들에게 인기를 끌게 했다.

가짜 뉴스는 사실에 기반을 둔 것이라고 주장하는 거짓 뉴스인데, 그것은 수백 년 동안 존재해 왔다. 그러나 최근 들어 대중 매체, 즉 주류 언론은 그것에 대해 수 차례 비난을 받아 왔다. 예를 들어, 2004년 대통령 선거 두 달 전에 뉴스 진행자인 Dan Rather는 방송 중에 가짜 문서를 제시했다. 그 일로 그는 직장을 잃었지만, 주류 언론은 계속해서 가짜 뉴스를 발행했다.

페이스북과 트위터 같은 소셜 미디어의 확산 또한 가짜 뉴스의 증가를 가져왔다. 2016년에 전체 미국인의 거의 절반이 페이스북에서 뉴스를 접했는데, 여러 보도는 그 사이트에 게시된 많은 기사들이 가짜 뉴스를 담고 있었다는 것을 보여 주었다.

Trump 후보는 당선되자마자 가짜 뉴스를 발행한 혐의로 뉴스 통신사와 기자들을 비난하기 시작했다. 그는 주요 뉴스 채널 한 곳과 오랜 반목을 시작했고, 2017년에는 심지어 가짜 뉴스상을 시상했다. 가짜 뉴스가 계속해서 문제가 되고 있지만 더 많은 사람들이 그들이 읽는 뉴스 보도에 대해 의심을 갖는 것의 중요성을 알게 되었는데, 이는 가짜 뉴스 트렌드의 한 가지 긍정적인 결과이다.

문제 해설

1 더 많은 사람들이 뉴스 보도에 대해 의심을 갖는 것의 중요성을 알게 되었다는 것은 가짜 뉴스 트렌드의 부정적인 결과가 아니라 긍정적인 결과라고 말할 수 있다. 따라서 ⑤ negative를 positive(긍정적인)와 같은 단어로 고친다.

[문제] ①~⑤ 중에서 문맥상 낱말이 적절하게 쓰이지 <u>않은</u> 것을 고르시오.

2 ② '그는 페이스북에 뉴스를 게재했다.'는 사실은 글에서 언급되지 않았다.

[문제] 글에 따르면 Trump 씨에 관한 설명이 맞지 <u>않는</u> 것은?
① 그는 2016년에 미국 대통령에 출마했다. (1~3행)
③ 그는 선거에서 Hillary Clinton에게 승리했다. (17행)
④ 그는 가짜 뉴스를 발행한 혐의로 기자들을 비난했다. (17~18행)
⑤ 그는 2017년에 가짜 뉴스상을 시상했다. (18~19행)

3 페이스북과 트위터 같은 소셜 미디어의 확산이 가짜 뉴스의 증가를 가져왔다고 했다. (13~14행)

[문제] 무엇이 가짜 뉴스의 증가를 가져왔는가?
→ 페이스북과 트위터 같은 소셜 미디어의 확산이 가짜 뉴스의 증가를 가져오는 데 일조했다.

4 publishing on the site는 articles를 수식하는 분사구인데, 수식 받는 명사와 수동의 관계이므로 publishing을 과거분사인 published로 고친다.

[문제] 밑줄 친 문장을 읽고 틀린 곳을 찾아 바르게 고쳐 쓰시오.

Summary

주류 언론	비난했다	소셜 미디어	가짜 뉴스

2016년 대통령 선거 동안 '가짜 뉴스'라는 용어가 인기를 끌었다. 가짜 뉴스는 수백 년 동안 존재해 왔다. 최근 들어 <u>주류 언론</u>은 그것에 대해 여러 차례 비난을 받아 왔다. 페이스북과 트위터 같은 <u>소셜 미디어</u> 또한 가짜 뉴스의 증가를 가져왔다. Donald Trump는 대통령이 된 후에 가짜 뉴스를 발행한 혐의로 많은 뉴스 통신사와 기자들을 <u>비난했다</u>.

구문 해설

8행 In recent years, however, the mass media, **or** mainstream media, *has been accused of* it on numerous occasions.
• or는 '즉, 다시 말해서'라는 뜻으로 동격 어구를 연결하는 접속사이다.
• be accused of는 accuse A of B(B에 대해 A를 기소[비난]하다)의 수동태이다. of 뒤에는 명사나 동명사가 온다.

14행 Nearly half of all Americans got some news from Facebook in 2016, **yet** reports showed that large numbers of articles published on the site contained fake news.
• yet은 '그렇지만, 그런데도'라는 뜻의 접속사로 쓰였다.

19행 While fake news continues to be a problem, more people have become aware of the importance of being skeptical of the news reports that they read, **which** is one positive result of the fake news trend.
• which는 계속적 용법으로 쓰인 관계대명사로 앞에 나온 절을 가리킨다.

Focus on Sentences

A
1. 이와 유사한 운석들이 더 많이 발견될 때까지 우리는 확실히 알지 못할 것이다.
2. 필리핀의 주요 언어는 타갈로그어이다.
3. 그녀의 프로그램이 최초는 아니었지만 단연코 가장 많은 인기를 끌었다.
4. 선거 기간 동안 수많은 가짜 기사들이 언론에서 발행되었다.

B
1. Those are two questions that humans have asked for thousands of years.
2. It appeared to contain fossilized bacteria.
3. Bayanihan means a spirit of unity involving many people to achieve a goal.

C
1. When there are natural disasters, Filipinos help people without expecting anything in return.
2. The book became regarded as a classic.
3. In recent years, the mass media has been accused of fake news on numerous occasions.

 **Try It!** 수능

유형 도전 ②
변형 문제　실재의 본질

지문 해석　우리의 공유된 문화적 세계관, 즉, 우리 자신에게 실재의 본질을 설명하기 위해서 만든 신념들은, 우리에게 의미, 우주의 기원에 대한 설명, 지구상의 귀중한 행동에 대한 청사진, 불사에 대한 약속을 가져다 준다. 인류가 시작된 이래로, 문화적 세계관은 죽음을 두려워하는 인간에게 거대한 위안을 제공해 왔다. 시대와 지역을 통틀어, 과거와 현재의 많은 다수의 인간들은 그들의 존재가 글자 그대로 육체의 죽음이라는 지점을 넘어서 어떤 형태로 계속된다고 믿는 그들의 종교에 의해서 이끌려 왔다. 우리 중 일부는 우리의 영혼이 하늘로 날아 올라가서, 그곳에서 세상을 떠난 우리가 사랑하는 사람을 만나고, 우리 창조주의 애정 깊은 불빛 안에서 행복해 할 것이라고 믿는다. 다른 사람들은 죽음의 순간에 우리의 영혼은 새로운 환생의 형태로 들어간다고 "알고 있다." 또한 다른 사람들은 우리의 영혼이 단지 존재의 다른 알려지지 않은 차원으로 들어가는 것이라고 확신한다.
　➡ 문화적인 세계관이 있기에, 우리는 이런 저런 방식으로 글자 그대로 우리가 불멸일거라는 믿음으로 위안을 받는다.

문제 해설　문화적 세계관이 죽음을 두려워하는 인간에 위안을 제공했다고 하면서, 이에 대한 구체적인 예시가 나열되고 있으므로, 빈칸에 '위로 받는'과 '불멸의'가 들어가야 한다.
　① 위로 받는 – 연결된　③ 갈등하는 – 불완전한　④ 좌절하는 – 죽을 수밖에 없는　⑤ 좌절하는 – 불완전한

변형 문제　the beliefs we create to explain the nature of reality to ourselves에서 답을 찾을 수 있다. (1~2행)

구문 해설　**5행** Throughout the ages and around the globe, the vast majority of people, [**past and present**], have been led by their religions to believe [*that their existence literally continues in some form beyond the point of physical death*].
　• 첫 번째 [ ]는 the vast majority of people을 수식하는 형용사구이다.
　• 두 번째 [ ]는 동사 believe의 목적어이다.

　7행 Some of us believe that our souls fly up to Heaven, [**where we will meet our departed loved ones and bask in the loving glow of our creator**].
　• [ ]로 표시된 부분은 Heaven에 대한 설명을 덧붙이고 있는 관계절이다.

　9행 Still others **are convinced that** our souls simply pass to another unknown plane of existence.
　• 'be convinced that ~'은 '~을 확신하다'의 의미이다.

WORKBOOK Answer Key

Chapter 01 pp. 002 ~ 003

VOCABULARY CHECK

A

1 적갈색 사암으로 지은 집
2 깎아서 만들다
3 주택 건축업자
4 대리석
5 채석장
6 상대적인
7 구멍이 많은
8 부식하다
9 물물 교환하다
10 가치
11 지불
12 (화폐를) 주조하다
13 지폐
14 통화
15 지배하다
16 수송하다
17 전기의
18 밀폐된
19 없애다, 제거하다
20 사실상
21 마찰
22 엄청나게
23 (모델로서 옷 등을) 입어 보이다
24 간절히 바라는, 열렬한
25 수익성이 있는
26 결점, 문제점
27 (~이) 없는, 부족한
28 무시하다, 묵살하다
29 남용
30 해로운, 유해한

B

1 traded, for
2 close to becoming
3 all the time
4 making the transition

STRUCTURES CHECK

C

1 might have forgotten
2 must have rained
3 might not have sent
4 must have been

D

1 book
2 pass
3 leave
4 completes

E

1 We have known each other
2 has been regarded as the most precious metal
3 the fact that I do not eat breakfast
4 had a habit of shaking his legs

Chapter 02 pp. 004 ~ 005

VOCABULARY CHECK

A

1 달아나다, 도망하다
2 (무엇의 둘레를) 두르다
3 (수술로) 절단하다
4 모이다, 모으다
5 팔[다리] 절단 수술을 받은 사람
6 시설[기관]
7 팔[다리]
8 소포
9 삼차원의, 입체적인
10 설립하다
11 얻다, 획득하다
12 (플라스틱 등이) 투명한
13 특색, 특징
14 펑 소리가 나기
15 준비[조직]하다
16 독점적으로
17 공민권
18 투표하다
19 시위
20 끝나다, 끝내다
21 양성평등
22 집회
23 금고[귀중품 보관실]
24 소중한, 귀중한; 귀중품
25 소유물, 소지품
26 소장하다
27 호박
28 상아
29 ~에 필적하다
30 ~에 관해서는

B

1 worth living
2 dates back to
3 have celebrations
4 not, until

STRUCTURES CHECK

C

1 where to put
2 how to install
3 when to use

D

1 ate → had eaten
2 just left → had just left
3 lost → had lost
4 lived → had lived

E

1 have been working on this report
2 has been teaching at the university since March
3 Finland, where her daughter lives
4 won the World Cup in 2014, when we got married

WORKBOOK Answer Key

Chapter 03 pp. 006 ~ 007

VOCABULARY CHECK

A

1	빙하	16	너그러움, 선행
2	지역	17	주다, 할당하다
3	강우(량)	18	바로, 즉시
4	먼	19	미루다
5	녹다	20	완벽주의자
6	인근의	21	아이러니하게, 반어적으로
7	잡아놓다	22	사기꾼
8	얼다	23	짓눌린, 압도된
9	수술	24	제거하다, 없애다
10	기증하다	25	장비
11	항체	26	방향을 바꾸다
12	임신한	27	사용, 사용량
13	추산, 추정; 추정하다	28	도시의
14	주사	29	대중 교통
15	기증자	30	우려, 걱정

B

1 refer to, as
2 tracked down
3 results in
4 get off

STRUCTURES CHECK

C

1 to throw
2 to study
3 to carry
4 to power

D

1 are taught sports
2 was awarded to UNICEF
3 are sent to all their customers every year (by them)

E

1 is not always golden
2 Not all students learn
3 The construction will be finished
4 The new singer's latest album will be released

Chapter 04 pp. 008 ~ 009

VOCABULARY CHECK

A

1	분야	16	목장
2	문장학	17	수입
3	기사	18	도움을 주다; 도움, 지원
4	방패	19	경제적인, 재정적인
5	상류층, 귀족	20	딜러, 중개인
6	충성심	21	전시하다
7	야생 돼지	22	다루다
8	교활함	23	의심이 드는
9	광활한, 방대한	24	비대면의, 비접촉의
10	평원, 평지	25	교류
11	타조	26	단순한 기술의
12	(짐승의) 떼	27	표시하다, 나타내다
13	풀을 뜯다, 방목하다	28	명시하다
14	관찰하다	29	활용하다
15	이국적인	30	혁신, 획기적인 것

B

1 As for
2 cannot afford
3 sold for
4 both, and

STRUCTURES CHECK

C

1 are → is
2 ones → one
3 finalist → finalists
4 have → has

D

1 it had not been for him
2 it were not for the Internet
3 it had not been for your support

E

1 as if it is going to rain
2 as if ghosts were chasing him
3 picked him up at the airport
4 turn off your computer [turn your computer off]

Chapter 05 pp. 010 ~ 011

VOCABULARY CHECK

A

1	미신을 믿는, 미신적인	16	돕다
2	마찬가지로	17	시도하다
3	붙이다	18	찾다, 구하다
4	종교적인	19	~을 가리키다
5	상징하다	20	짐[화물]
6	묶다, 묶고 있다	21	겪다, 받다
7	부활	22	유전의, 유전적인
8	나타내다, 상징하다	23	적응
9	승인[허락]하다	24	정복하다
10	관계, 관련성	25	교육하다
11	아래[밑]에	26	~에 의존하다
12	품종	27	주장하다
13	날것의	28	교육과정
14	강판에 갈다	29	정식 학과 이외의
15	요리의, 음식의	30	행하다, 수행하다

B

1 up to
2 over the course of
3 relies on
4 excel at

STRUCTURES CHECK

C

1 is said that children are afraid of ghosts /
   are said to be afraid of ghosts
2 is believed that the finest black truffles come
   from France /
   are believed to come from France

D

1 It was my brother that [who] you spoke to on the phone.
2 It was after dinner that Benjamin felt a sharp pain in his stomach.
3 It was not until we had reached the top that we realized how far we had come.

E

1 named their new baby Paul
2 makes Italy a popular tourist destination
3 The faster you run, the more quickly
4 The higher you climb, the colder it gets.

Chapter 06 pp. 012 ~ 013

VOCABULARY CHECK

A

1	포함하다	16	면역 체계
2	공식적으로	17	규제하다, 통제하다
3	상업적인	18	침입하다
4	비교적	19	유기체
5	언어학자	20	양동이
6	결합하다	21	기부하다
7	주장하다	22	자선 단체
8	받는 사람, 수령[수취]인	23	(쉽게) 알 수 있는
9	흔히, 보통	24	물리치다, 이기다
10	가렵다	25	(자금을) 모으다
11	~에 알레르기가 있다	26	치료법
12	극심한, 심각한	27	출판물, 간행물
13	조개류, 갑각류	28	~에 호소하다
14	이론	29	암시하다, 시사하다
15	위생	30	특출한

B

1 has trouble breathing
2 dumped on
3 be willing to
4 mind paying

STRUCTURES CHECK

C

1 days → day
2 year → years
3 were → was
4 children → child

D

1 The
2 A
3 was
4 are

E

1 Emily's jogging in the park
2 my son's riding a bicycle
3 is of great importance
4 were of no use

WORKBOOK Answer Key

Chapter 07 pp. 014 ~ 015

VOCABULARY CHECK

A

1	덮개	16	열대의
2	뚜껑	17	(맛이) 톡 쏘는
3	둘둘 말다	18	소화하다
4	머리 위	19	소염의, 항염증의
5	조정하다	20	속성, 특성
6	반사하다	21	부기
7	작곡가	22	완화하다
8	널리	23	보충제
9	지속되다	24	~을 포함하여 특징을 이루다
10	10년	25	납
11	주요, 주로	26	다채로운
12	지휘자	27	구리
13	활기찬	28	증기
14	신나는, 영감을 불러 일으키는	29	오줌
15	극적인	30	양피지

B

1 feel like eating
2 draws inspiration from
3 in great amounts
4 transform, into

STRUCTURES CHECK

C

1 feel like doing
2 cannot help crying
3 having trouble [difficulty] falling

D

1 not only, but also
2 Neither, nor
3 Either, or

E

1 so that the children could swim
2 so that she would not fall asleep
3 keeps fit by doing so
4 was happy to do so

Chapter 08 pp. 016 ~ 017

VOCABULARY CHECK

A

1	운석	16	시골의, 지방의
2	형성되다, 형성시키다	17	완료된
3	충돌	18	성인, 성년
4	소행성	19	진가를 알아보다
5	덩어리	20	상세한
6	큰 감동을 주다	21	(폭이) 넓은
7	화석화된	22	가짜의
8	지질학의	23	(선거의) 입후보자
9	증거, 증명	24	호도하는
10	논란	25	사실에 기반을 둔
11	지역 사회, 주민	26	주류[대세]의
12	용어	27	우세, 우월; 확산
13	화합	28	불화, 반목
14	협력, 협동	29	나누어 주다, 배포하다
15	드러내 보이다	30	회의적인

B

1 head to
2 household name
3 on the air
4 become aware of

STRUCTURES CHECK

C

1 O
2 X
3 O
4 O

D

1 for
2 while
3 during
4 During

E

1 Little did I know
2 Not until the winter did we see
3 by far the most important issue
4 easily the best movie I have seen

MEMO

MEMO

내공
고등영어독해
영어 1등급 자신감!

❶ 아카데믹하고 흥미로운 소재의 32개 지문

❷ 독해 난이도에 따른 지문 구성

❸ 새 교육과정 고등 영어 교과서 핵심 문법 연계

❹ 한 지문당 내신 유형과 수능 유형을 균형 있게 학습

❺ 수능 실전 문항 및 변형 문항 수록

❻ 어휘·문법·구문 복습을 위한 워크북 제공

온라인 학습 자료 www.darakwon.co.kr

□ Review Test 8회   □ MP3 파일
□ 어휘 리스트   □ 어휘 테스트
□ 지문 해석 Worksheet   □ Homework Worksheet
□ Dictation Sheet

문제 출제 프로그램 voca.darakwon.co.kr

다양한 형태의 단어 테스트 제작·출력 가능

다락원 홈페이지에서 본 교재의 상세 정보와
MP3 파일 및 부가학습 자료를 이용하실 수
있습니다.